JN012693

少額短期保険の実務

保険業界の新たなイノベーション

Small Amount and Short Term Insurance Practice

EYストラテジー・アンド・コンサルティング株式会社

藤嶋 昌人
Fujishima Masato

和田倉門法律事務所　弁護士

山本 啓太
Yamamoto Keita

［編著］

一般社団法人 **金融財政事情研究会**

はしがき

　少額短期保険業制度の創設から16年が経過したが、特に近年、保険会社からのみならず、他業界からの新規参入が相次いでおり、少額短期保険業が新たな盛り上がりをみせている。これに伴い、新しい技術や異業種の顧客基盤を活用した、伝統的な保険会社のマーケットとは異なる、新たな保険マーケットが創出されつつある。

　この流れは、デジタル技術の進化に伴う保険購買行動の変化や、団塊世代・団塊ジュニア世代を中心とした保険業界の顧客基盤の高齢化等をふまえると、今後も続いていくものと思われる。

　一方で、少額短期保険業の規制内容や事業立上げ・活用方法等は、保険業界・他業界を問わず、十分に理解されているとは言いがたい。加えて、参考となる書籍も少ないことから、参入を検討されている企業および実際に参入した企業において、事業立上げを躊躇したり、事業運営上課題を抱えていたり、といった声が多く聞かれる。

　上記の課題を解決すべく、本書では、少額短期保険業界に携わる弁護士、コンサルタントのメンバーが共同で執筆を行い、少額短期保険業の法規制を押さえながら、マーケット概要やトレンド、事業の活用方法・参入方法等について、実務ベースで具体的な事例を交え説明している。

　また、実務に沿った事業参入・事業拡大のヒントになることを目指して、実際に少額短期保険業を営む企業の経営者に、創業の背景やビジネス上の課題、今後のビジネス展望等についてインタビューも実施した。

　本書が、少額短期保険業への新規事業参入、およびそれを通じた保険業界のイノベーションの実現等の一助となれば幸いである。

　最後に、本書にご協力いただいた、Mysurance株式会社 川上史人 前代表取締役社長、第一スマート少額短期保険株式会社 髙橋聡 代表取締役社長、株式会社justInCase 畑加寿也 代表取締役、MICIN少額短期保険株式会社 笹本晃成 代表取締役（順不同）、ならびに企画から完成まで多大なるサ

ポートをいただいた株式会社きんざい　出版部　池田知弘　副部長には、この場をもって心より感謝申し上げる。

2022年4月

執筆者一同

【編著者紹介】（2022年6月現在）

[編著者]

藤嶋　昌人

EYストラテジー・アンド・コンサルティング株式会社　Associate Partner
早稲田大学法学部卒業
〈略歴〉
国内生命保険会社、損害保険会社役員、コンサルティングファームを経て現職。
〈主な業務分野〉
ビジネスモデル策定や新事業戦略立案、経営理念・中期経営計画策定等の経営
戦略策定支援や生保・損保・少短・一般事業会社買収に係るM&A実行支援等に
従事。少額短期保険分野では、新規設立やM&Aから経営戦略策定、ガバナンス
高度化等を支援。

山本　啓太

和田倉門法律事務所　パートナー弁護士
慶應義塾大学経済学部、ロンドン大学ロースクール（LL.M in Insurance
Law）、各卒業
第二東京弁護士会所属（54期）
〈略歴〉
2003〜2005年金融庁監督局保険課（課長補佐）、2006年あさひ・狛法律事務所
（現・西村あさひ法律事務所）、2011〜2013年三菱東京UFJ銀行ロンドン支店に
出向、2015年西村あさひ法律事務所カウンセル就任、2019年和田倉門法律事務
所にパートナーとして参加。
〈主な業務分野〉
少額短期保険業制度の立法に関与。保険業法および銀行法その他金融規制法、
金融取引、M&A、コンプライアンス。
〈主な著書〉
『保険業務のコンプライアンス〔第4版〕』（共著）（金融財政事情研究会、2021
年）、『M&A保険入門　表明保証保険の基礎知識』（共著）（保険毎日新聞社、
2021年）、『ファイナンス法大全（下）〔全訂版〕』（共著）（商事法務、2017年）
等多数。

[執筆者]（五十音順、2022年6月現在）

足立　恵理子

EYストラテジー・アンド・コンサルティング株式会社 Manager
復旦大学新聞学院新聞学科卒業（School of Journalism, Fudan University, Shanghai, China）
〈略歴〉
国内証券会社（調査部・外国株式担当）、コンサルティングファーム（保険事業部・リサーチャー）を経て現職。
〈主な業務分野〉
保険領域に特化したリサーチャーとして、国内外の保険業界におけるデジタル活用動向やInsurtechのテクノロジートレンド、スタートアップ企業調査等に従事。

有田　一敬

EYストラテジー・アンド・コンサルティング株式会社 Manager
慶應義塾大学理工学部卒業
〈略歴〉
国内損害保険会社を経て現職。
〈主な業務分野〉
新事業戦略やミッション・ビジョン・バリュー策定等の経営戦略支援、保険商品開発方針策定、ビジネスモデル・事業ドメイン策定、グローバルデジタル技術リサーチ等に従事。

稲田　行祐

株式会社タイムマシーンアンダーライターズ　代表取締役CEO
早稲田大学政治経済学部、University of Southern California、Gould School of Law（LL.M.）、各卒業
〈略歴〉
日比谷総合法律事務所、金融庁監督局保険課（課長補佐）、弁護士法人中央総合法律事務所（パートナー弁護士）、Catlin Holdings（在ロンドン、現・AXA XL）、楽天損害保険株式会社（社長室担当上席執行役員兼表明保証保険チーフアンダーライター）、楽天インシュアランスホールディングス株式会社（新規事業・当局対応等担当執行役員）等を経て、2019年に当社設立。
〈主な著書〉
主要著作として、『表明保証保険の実務―M＆Aにおける新しいリスクマネジメ

4

ント手法』（共著）（金融財政事情研究会）、『保険業法の読み方』『英国再保険法の基礎知識』（いずれも保険毎日新聞社）等多数。

小林　貴樹

和田倉門法律事務所　アソシエイト弁護士
神戸大学法学部卒業
第二東京弁護士会所属（72期）
〈主な業務分野〉
IT・ウェブサービスにかかわる契約や、個人情報保護法、危機管理分野を中心に、企業法務全般を取り扱う。特に、個人情報保護法分野における豊富なアドバイス経験をもつ。

瀬川　慶

和田倉門法律事務所　アソシエイト弁護士
早稲田大学商学部卒業
第二東京弁護士会所属（71期）
〈主な業務分野〉
企業法務、税務、消費者法、刑事事件を主な取扱分野とする。企業法務分野では数多くのM&A、企業不祥事調査および訴訟に関する経験を有し、刑事事件分野では公訴棄却決定を獲得した実績をもつ。
〈主な著書〉
『会社法務質疑応答集』（共著）（第一法規）等。

三村　健吾

EYストラテジー・アンド・コンサルティング株式会社　Manager
上智大学経済学部卒業
〈略歴〉
国内損害保険会社、コンサルティングファームを経て現職。
〈主な業務分野〉
新規事業戦略・子会社設立、M&A支援等を対応。少額短期保険の領域においても、少額短期保険会社の設立やM&Aの支援、ガバナンス体制の構築支援、グループ会社間の組織再編を支援。

目　　次

第3章　少額短期保険ビジネスの活用方法

第4章　少額短期保険ビジネスへの参入方法

第5章　インタビュー

第 1 章

少額短期保険マーケットの概要

本章では、少額短期保険マーケットの概要を理解いただくため、少額短期保険マーケットにおける主要4領域を紹介したうえで、売上げや成長率、および利益率といった定量分析、少額短期保険業者や募集・代理店チャネルを解説する。

1 少額短期保険の4領域

　少額短期保険には、保険業法の改正以前にすでに存在した共済制度の種類の特徴から、大きく「家財」「生保・医療」「ペット」「費用・その他」の4領域が存在する。

(1) 家　　財

　「家財」では、賃貸物件入居者に対する火災等による家具の損害についての補償と賃貸人に対する借家人賠償責任保険がセットとなった家財保険商品を取り扱っている。また、昨今問題視されている孤独死が発生した場合に賃貸人が負担しうる特殊清掃費用や家賃損失に対する補償を損害保険会社で対応する流れがあるが、その発端となったのは少額短期保険業者の孤独死に対する特約であった。

　保険期間や保険金額については、賃貸借契約の条件として保険への加入が必須となっていることから、保険期間は賃貸借契約と同じ期間（主に2年）に設定されていることが多く、保険金額についてもあらかじめいくつかのタイプで設定されている等、損害保険会社の商品と比べ、簡素化されている設計が主流である。賃貸借契約と同時に保険加入手続を行うことから、不動産事業との親和性も高く、多くの不動産事業者が少額短期保険業に参入している。特に大手の不動産事業者は2010年代の中盤に少額短期保険業に参入した（図表1－1）。

　また、今後は不動産賃貸借手続がデジタル化していくために保険の申込手

図表1－1　2010年代中盤の主な大手不動産事業者の少額短期保険業への参入

登録年月	事業者名	親会社
2014年9月	少額短期保険ハウスガード株式会社	大東建託株式会社
2015年3月	全日ラビー少額短期保険株式会社	東京不動産協会（TRA）
2015年5月	セキスイハイム不動産少額短期保険株式会社	セキスイハイム不動産株式会社
2016年3月	住まいぷらす少額短期保険株式会社	スターツコーポレーション株式会社
2016年4月	シャーメゾン少額短期保険株式会社	積水ハウスグループ（各地域の積水ハウス不動産等が株主）

図表1－2　少額短期保険業者の家財保険契約プロセスのデジタル化推進例

事業者名	概要
東京海上ミレア少額短期保険株式会社、東京海上ウエスト少額短期保険株式会社、e-Net少額短期保険株式会社、Next少額短期保険株式会社、SBI日本少額短期保険株式会社（注1）	ITANDI BBシリーズの不動産関連ウェブ申込受付システム「申込受付くん」を提供するイタンジ株式会社とシステム連携。この連携により、「申込受付くん」に入居者自らが入力した物件情報、契約情報、保険契約者情報、被保険者情報、入居情報等の入居申込情報と重複するデータを、保険契約申込書に必要なデータとして取り込むことが可能となる。これにより、保険申込書作成に入力が必要な項目は保険内容や保険料の支払情報のみとなるため、少額短期保険業者の業務削減が見込まれる
株式会社ホープ少額短期保険（注2）	新システム「MONOLITH」を活用したペーパーレスの取組みを実施。申込書の郵送にかわり、マイページ案内書を送付。タブレットやPC、スマートフォンからマイページにログインし、申込確認することで手続を完了させることができるため、顧客の利便性向上および代理店の業務効率向上が見込まれる

注1：イタンジ株式会社「AIG損保、e-Net少短、Next少短、SBI日本少短、東京海上ミレア少短、東京海上ウエスト少短の6社とイタンジが業務提携」（イタジン株式会社ウェブサイト）。
注2：株式会社AMBITION「不動産DXをリードするAMBITIONグループ、インシュアテックを推進する保険関連の新システム「MONOLITH（モノリス）」を開発」（株式会社AMBITIONウェブサイト）。

図表1-3　生保・医療領域における特徴的な商品提供事業者

事業者名	概要
株式会社ビバビータメディカルライフ	1998年より日本在住の外国人向けに医療・生命保障の共済事業を展開。2009年3月より保険業法改正に伴い、少額短期保険業を開業 主な販売商品は、日本在住の外国人、留学生や特定技能外国人等の医療・生命保険であり、外国人に向けた保険対応のため、ウェブサイトも10カ国語で表示可能
エクセルエイド少額短期保険株式会社	2006年に糖尿病有病者救済を旗印に設立された少額短期保険業者。1型糖尿病・2型糖尿病・妊娠糖尿病さらに糖尿病合併症を発症していても加入可能な医療・生命保険を提供
健康年齢少額短期保険株式会社	株式会社JMDCが開発した"健康年齢"(注)を活用した商品を販売。加入時の年齢ではなく、健康年齢を利用することで、健康になればなるほど保険料が安くなる仕組みを導入（健康増進型）

注：健康年齢：通常の健診で計測する12項目の健診データ（BMI・収縮期血圧・拡張期血圧・中性脂肪・HDLコレステロール・LDLコレステロール・AST（GOT）・ALT（GPT）・γ-GT（γ-GTP）・血糖（HbA1cあるいは空腹時血糖）・尿糖・尿たんぱく）、性別、実年齢から算出される自身の健康状態をわかりやすく理解するための指標。

続についてもデジタル化が主流となることが予想され、すでにいくつかの少額短期保険業者では取組みが始まっている（図表1-2）。

(2)　生保・医療

　「生保・医療」では、保険金額の制限もあり、少額の死亡保険やシンプルな医療保険の販売が中心となっている。葬儀事業者が営む互助会の会員加入と保険加入をセットとして、死亡時の葬儀代に充てる等、本業とのシナジーを活かした少額短期保険業への参入が多い。その他、外国人を被保険者とした商品、健康増進型1の商品や糖尿病有病者に特化した商品等、特徴的なニーズにあわせた少額短期保険業者が存在する（図表1-3）。

1　健康増進型：毎年の健康診断結果やウォーキング等の運動習慣に応じて保険料の割引や還付金がある保険商品。

(3) ペット

「ペット」では、犬・猫を中心にペットの入通院および手術の補償をする商品を販売している。主にペットショップがペット購入時にあわせて保険を推奨するという販売シナジーを活かして代理店となることが多い。ただし、現在はインターネットの普及により、ネット専業のペット保険業者も増えてきている。

日本におけるペット保険の加入率は海外と比べると低いものの[2]、近年、ペットの家族化が進むなかでペット保険がより身近な存在になりつつあり、加入率は上昇傾向にある。そのため、ペット保険には潜在的な需要が存在するといわれている。このような需要の高まりのなかで、少額短期保険制度が発足した2006年の保険業法改正以降、アイペット損害保険株式会社とペット＆ファミリー損害保険株式会社の2社も業績を伸ばし、少額短期保険会社から損害保険会社へ転換するに至っている。

なお、ペット保険の特徴としては、入院や手術を伴わない通院についても補償していることがあげられる。このような特徴から、ペット保険における保険金請求は少額多頻度のものとなっており、これがコスト圧迫の要因となっている。そのため、ペット保険業者は窓口精算制度（被保険者個々の請求ではなく提携動物病院からの一括請求により精算する制度）を設けたり[3]、ペット保険に特化した保険金請求アプリを導入したりする等、業務効率化を図るとともに、保険金支払に係る顧客の利便性向上についても取り組んでいる（図表1-4）。

---

2 スウェーデンでは約50％、イギリスでは約25％の加入率といわれるなかで、日本の現状の加入率は9％程度である（矢野経済研究所「ペットビジネスマーケティング総覧2020」）。
3 ただし、窓口精算制度を設けているのは2022年4月時点ではアニコム損害保険株式会社、アイペット損害保険株式会社、ペット＆ファミリー損害保険株式会社の3社のみとなっている。

図表1-4　少額多頻度に対応するための保険金請求上の取組み

取組み概要	概要
窓口精算制度	対応病院で保険会社等が発行したペットの保険証(注)や契約確認証等を提示することで通常の公的医療保険と同じく、自己負担分のみを精算する制度。保険金請求手続の省略による顧客の利便性向上だけでなく、事業者側も高頻度にわたる保険金処理手続の効率化が実現
保険金請求アプリ（アニポス）	顧客は動物病院からもらった診療明細原本の写真のアップロードや動物病院や振込口座の入力をするだけで、保険金請求書等の郵送のやりとりをすることなく、保険金請求が完了し、入金を待つだけとなる。すでに日本ペット少額短期保険株式会社、「SBIプリズム少額短期保険」で正式導入ずみ

注：ペットの保険証：自身のペット写真を登録することでペットの写真入りの保険証を発行するサービス。

図表1-5　費用・その他領域における主な特徴的な商品提供事業者

事業者名	概要
ミカタ少額短期保険株式会社（旧プリベント少額短期保険株式会社）、エール少額短期保険株式会社、株式会社カイラス少額短期保険	弁護士費用保険を専門に販売する少額短期保険業者。通常の自動車保険等に付帯されている弁護士費用特約では対象とされていなかった、身体障害や財物損壊を伴わないトラブルについても支払の対象とした保険を単品で提供。 自身で弁護士を探して費用を補償してもらうことも可能であるが、各社弁護士ネットワークを構築し、弁護士を紹介するサービスを提供
Mysurance株式会社、AWPチケットガード少額短期保険株式会社、チューリッヒ少額短期保険株式会社、スマートプラス少額短期保険株式会社	航空会社や旅行代理店等と連携し、偶然な事故により予約をキャンセルした場合の航空券代金や旅行代金等のキャンセル費用を補償
さくら少額短期保険株式会社、Mysurance株式会社、株式会社justInCase	スマートフォンの画面割れ、破損等の補償を提供。事業者によっては、1契約で複数台を補償対象に含められる商品や、スマートフォントラブルに係る法律相談が付帯されている商品も存在

⑷　費用・その他

　「費用・その他」にはこれまで取り上げた３つの領域に該当しない保険が
該当し、主なものとしては弁護士費用保険、キャンセル保険、スマホ保険等
があげられる（図表１－５）。

　弁護士費用保険では、離婚・相続等の親族間のトラブルやストーカー被
害、痴漢犯罪等、必ずしも身体障害や財物損壊を保険金支払の事由としな
い、より日常生活に密着した事案を対象とした弁護士費用の補償を提供して
いる。

　キャンセル保険では、航空会社、旅行代理店、コンサートチケットの販売
会社等と連携し、入院等の特定の事由が発生した場合のキャンセル費用の補
償を提供している。

　スマホ保険では、メーカー修理で保証の対象外となる落下、水没等の過失
や事故による故障・破損、スマートフォンの損壊等の補償を提供している
（メーカー保証では対象が自然故障に限定されることが多い）。

2　少額短期保険業界の分析

⑴　少額短期保険業界のトップライン遷移
　（収入保険料、保有件数）

　少額短期保険の収入保険料は改正保険業法が施行された2006年以降年々増
加しており、2018年には1,000億円を突破し、直近の2020年度には1,178億円
のマーケットとなっている。直近過去５年間の収入保険料をみると、814億
円から1,178億と年平均成長率9.7％で拡大し、金額としては約360億円増
加した４。

　また、保有件数も、収入保険料と同じく、685万件から957万件に年々拡大

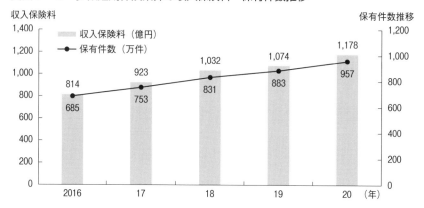

図表1-6　少額短期保険業界の収入保険料・保有件数推移

収入保険料　　　　　　　　　　　　　　　　　　　　　　　　　　　保有件数推移

図表1-7　領域別占有率（2020年度）

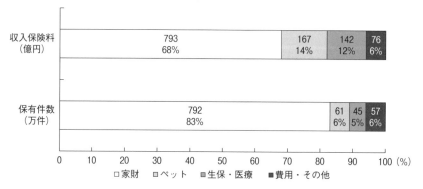

□家財　□ペット　■生保・医療　■費用・その他

　しており、直近過去5年間を比較すると、年平均成長率8.7％で拡大し、件数としては約270万件増加した（図表1-6）。

　なお、2020年の領域別の収入保険料および保有件数をみていくと、収入保険料の割合では、家財領域が約7割を占めており、次いでペット、生保・医療、費用・その他領域と続いている（図表1-7）[5]。

4　一般社団法人日本少額短期保険協会「2020年度少額短期保険業界の決算概況について」3頁。

5　一般社団法人日本少額短期保険協会「2020年度少額短期保険業界の決算概況について」1〜2頁。

図表 1 － 8　領域別マーケット成長率（2020年度）

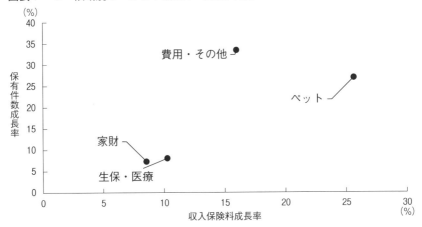

注：ペット保険の成長率を計算するうえでは、損害保険会社へ転換したペット＆ファミ
　　リー損害保険株式会社の数値は控除して算出。

　保有件数の割合では、家財の保険料水準がそれ以外の領域の保険料水準よ
り低いことから、収入保険料の割合では約7割を占めていた家財の占有割合
がさらに増加し、少額短期保険マーケット全体に占める保有件数の80％以上
を家財が占めている[6]。

(2)　各領域別のマーケットの成長率

　4領域別に2020年と2016年との収入保険料および保有件数の年平均成長率
を比較すると、前述のとおり、すべての領域で増加傾向ではあるものの、
ペットおよび費用・その他の領域の増加率が著しく高い（図表1－8）。

　ペット保険の成長率の増加については、前述のとおり、ペットの家族化が
進んでいることが一因としてあげられる。アニコム損害保険株式会社の調
査[7]によると、家庭がペットに1年間にかける費用は犬で30万円超、猫で15
万円超となっている。そのなかでも病気やケガの治療費やワクチン・健康診

6　一般社団法人日本少額短期保険協会「2020年度少額短期保険業界の決算概況につい
　て」1～2頁。
7　アニコム損害保険株式会社「ペットにかける年間支出調査」。

第1章　少額短期保険マーケットの概要　9

断等の予防費は5年前と比べいずれも上昇しており、ペットに対する健康意識の高まりとともに、保険の重要性も認識され保険加入も増えていると想定される。

費用保険の成長率の増加については、弁護士費用保険とスマホ保険の伸展で市場が拡大していることが一因としてあげられる。弁護士費用保険ではミカタ少額短期保険株式会社（旧プリベント少額短期保険株式会社）がトップランナーとして弁護士費用保険を提供しており、日常のトラブルを訴求した広告等で年々収入保険料が拡大している。また、スマートフォンに係る保険では、さくら少額短期保険株式会社が「モバイル保険」を提供しており、スマートフォンの普及や積極的な代理店委託により契約件数を大きく伸ばし、この領域のマーケットを拡大させている。

(3)　少額短期保険の収益率（経常利益率、C／R）

少額短期保険業者各社がディスクロージャー等により外部に情報開示をしている資料から、2020年度の領域別少額短期保険業者の経常利益率をみると、4領域とも経常利益率はプラスとなっており、生保・医療（4.2％）、家財（2.9％）といった制度発足当初よりマーケットを構築してきた2領域の経常利益率が高い結果となった。一方で、保険料や件数では家財や生保・医療と比して成長を続けるペット（0.1％）、費用・その他（2.4％）は前述の2領域よりは数値が低いが、これはさらなる成長に向けた投資が続けられていることが要因であるものと推察される（図表1－9）。

また、保険料収入に占める保険金の割合を示す損害率を領域別にみると、費用・その他や家財が20％台、生保・医療が30％台、いちばん高いペットでも45％弱と良好な損害率を示している（損害保険業界で主流である自動車保険の損害率はおよそ65〜70％程度）（図表1－10）。

他方で、家財保険を取り扱う少額短期保険業者では代理店手数料や人件費、広告宣伝費等の事業費に多く費やしており、家財保険を取り扱う代理店の手数料は保険会社の代理店より高い数値を示しているといわれている。そのため、保険料収入に占める経費の割合を示す事業費率は家財がトップと

図表1－9　領域別の経常利益率（2020年度）

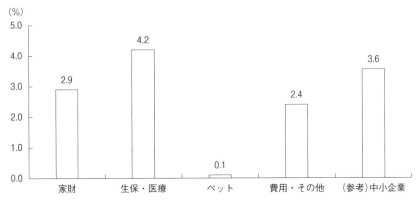

注：各社ディスクロージャー資料の数値より算出。
出典：中小企業庁「令和2年中小企業実態基本調査速報」18頁。

図表1－10　領域ごとのコンバインドレシオとその内訳（2020年度）

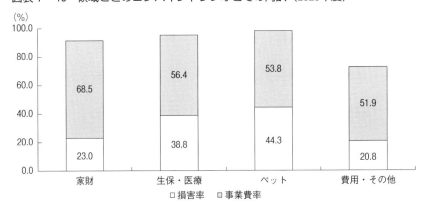

なっている。

　損害率と事業費率の合算を示すコンバインドレシオ（C/R）をみると、費用・その他が70％台で最も低く、続いて家財、生保・医療、ペットの順となっている。なお、責任準備金等繰入額や保険業法113条の繰延資産の償却等のその他経常費用が損益計算書上では費用計上されるが、C/Rの算出には加味されないため、C/Rと損益計算書上の利益率は必ずしもリンクしていない。

(1) 事業者数

　少額短期保険業は保険業に比べて規制が緩やかであることから、参入が活発となっており、2008年度は53社であった事業者数は2020年度には110社[8]とおよそ倍増している状況にある（図表1-11）。

(2) 事業者構成

　事業者構成[9]を各事業者の参入動機から推計すると、前述の不動産事業者と家財系の少額短期保険業者のように、なんらかの事業シナジーを見越して参入している保険会社以外の業種がいちばん多くなっている（図表1-12）。次いで、シナジーではなく純投資として少額短期保険業に参入する事業者が多い。このように、少額短期保険業は参入障壁の低さも相まって、他業種が多く参入している市場であるといえるが、直近では保険会社の参入も増えてきている（図表1-13）。

(3) 収入保険料分布ごとの事業者数

　ディスクロージャー等で公表されている少額短期保険業者の2020年度収入保険料の分布をみると、1億円以下が23社、1億円超5億円以下が30社、5億円超10億円以下が12社、10億円超30億円以下が15社、30億円超が15社と

8　一般社団法人日本少額短期保険協会「2020年度少額短期保険業界の決算概況について」2頁（なお、2021年8月末時点では112社）。
9　事業者構成は株主構成で判断。具体的には株式の3分1以上を保有している株主から判断した。判断基準は以下のとおり。
　保険会社以外：上記株主と対象少額短期業者との間になんらかのシナジーが存在すると
　　思われるもの（上記株主の顧客基盤を活用する等）
　保険会社：上記株主が保険会社、共済または保険募集代理店であるもの
　純投資：上記株主が上記以外のもの（たとえば、個人株主のみの場合等）

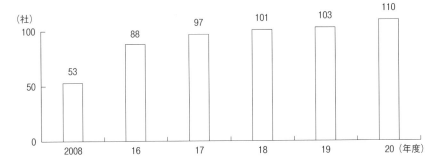

図表 1 -11　少額短期保険業者数の推移

（社）

- 2008: 53
- 16: 88
- 17: 97
- 18: 101
- 19: 103
- 20 (年度): 110

図表 1 -12　少額短期保険業者の構成（2021年 8 月時点112社）

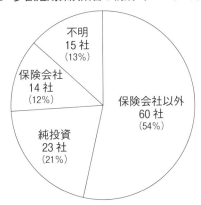

不明
15 社
(13%)

保険会社
14 社
(12%)

純投資
23 社
(21%)

保険会社以外
60 社
(54%)

なっており、 5 億円以下の収入保険料で少額短期保険業を営む事業者が半数
以上を占めている状況にある（図表 1 -14）10。

⑷　領域別の収入保険料Top 5 の少額短期保険業者

ア　家　財

　家財では、東京海上ミレア少額短期保険株式会社が収入保険料でトップと

10　各社公表情報より作成。なお、非開示少額短期保険業者も存在するため、各数値の合
　　算値と現在の事業者数は一致しない。

図表 1 −13　過去 3 年間の大手生損保会社による少短設立／買収の動き
（2022年 4 月時点）

登録・買収年月	スキーム	事業者名	親会社
2019年 2 月	設立	Mysurance株式会社	損害保険ジャパン株式会社
2019年 8 月	買収	アイアル少額短期保険株式会社	住友生命保険相互会社
2020年 8 月	設立	スマートプラス少額短期保険株式会社	あいおいニッセイ同和損害保険株式会社
2020年12月	設立	SUDACHI少額短期保険株式会社	アフラック生命保険株式会社
2021年 3 月	設立	第一スマート少額短期保険株式会社	第一生命保険株式会社
2021年 6 月	設立	リトルファミリー少額短期保険株式会社	あいおいニッセイ同和損害保険株式会社
2022年 4 月	設立	ニッセイプラス少額短期保険株式会社	日本生命保険相互会社
2022年 2 月(注)	設立	東京海上日動少額短期設立準備株式会社	東京海上日動火災保険株式会社

注：開業準備のための準備会社設立時期を掲載。

図表 1 −14　少額短期保険業者の収入保険料分布（2020年度）

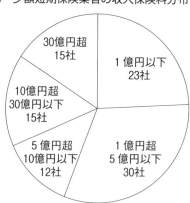

30億円超
15社

1 億円以下
23社

10億円超
30億円以下
15社

5 億円超
10億円以下
12社

1 億円超
5 億円以下
30社

なっている（図表1-15）。次いでSBI日本少額短期保険株式会社、ネットライフ火災少額短期保険株式会社、株式会社宅建ファミリー共済、全管協少額短期保険株式会社となっており、いずれも収入保険料が50億円を超えている状況にある（小規模事業者規制は各社再保険の手当てにより、規制をクリアしている）。

イ　生保・医療

　生保・医療領域の収入保険料Top 5ではSBIいきいき少額短期保険株式会社、株式会社メモリード・ライフ、ぜんち共済株式会社、ベル少額短期保険株式会社、ヒューマンライフ少額短期保険株式会社となっており、特にSBIいきいき少額短期保険株式会社、株式会社メモリード・ライフの収入保険料が他と比べ格段に大きく、10億円超の事業者が2社しかない状況にある（図表1-16）。

ウ　ペット

　ペット領域の収入保険料Top 5では、ペットメディカルサポート株式会社、楽天少額短期保険株式会社、SBIプリズム少額短期保険株式会社、株式会社FPC、日本ペット少額短期保険株式会社となっている。生保・医療と全体の保険料収入は大差がないものの、ペット保険の事業者のTop 5の会社の規模を鑑みると、生保・医療と比較して事業者が集約されている状況にあるといえる（図表1-17）。

図表1-15　家財領域の収入保険料Top 5

家財領域収入保険料（2020年度）：793億円

少額短期保険業者	収入保険料（2020年度） （単位：千円）
東京海上ミレア少額短期保険株式会社	6,613,644
SBI日本少額短期保険株式会社	5,985,952
ネットライフ火災少額短期保険株式会社	5,432,367
株式会社宅建ファミリー共済	5,398,446
全管協少額短期保険株式会社	5,326,067

図表1-16　生保・医療領域の収入保険料Top5

生保・医療領域収入保険料（2020年度）：142億円

少額短期保険業者	収入保険料（2020年度） （単位：千円）
SBIいきいき少額短期保険株式会社	5,025,411
株式会社メモリード・ライフ	3,134,501
ぜんち共済株式会社	977,162
ベル少額短期保険株式会社	871,201
ヒューマンライフ少額短期保険株式会社	409,188

図表1-17　ペット領域の収入保険料Top5

ペット領域収入保険料（2020年度）：167億円

少額短期保険業者	収入保険料（2020年度） （単位：千円）
ペットメディカルサポート株式会社	3,828,667
楽天少額短期保険株式会社	3,685,829
SBIプリズム少額短期保険株式会社	3,294,078
株式会社FPC	2,430,305
日本ペット少額短期保険株式会社	948,573

エ　費用・その他

　費用・その他領域の収入保険料Top5では、「モバイル保険」を販売するさくら少額短期保険株式会社、地震の保険を販売するSBIリスタ少額短期保険株式会社、弁護士費用保険を販売するミカタ少額短期保険株式会社（旧プリベント少額短期保険株式会社）、テナントへの保険を販売するUSEN少額短期保険株式会社、チケットのキャンセル保険を販売するAWPチケットガード少額短期保険株式会社となっており、各社別々の商品を販売しているように、特定の保険に限定されているわけではないといえる（図表1-18）。

図表1－18　費用・その他領域の収入保険料Top5

費用・その他領域収入保険料（2020年度）：76億円

少額短期保険業者	収入保険料（2020年度）（単位：千円）
さくら少額短期保険株式会社	4,152,248
SBIリスタ少額短期保険株式会社	1,065,035
ミカタ少額短期保険株式会社（旧プリベント少額短期保険株式会社）	666,166
USEN少額短期保険株式会社	430,847
AWPチケットガード少額短期保険株式会社	77,952

4 募集チャネル・代理店チャネルの概要

　少額短期保険における募集チャネルを4領域別にみてみると、家財では前述のとおり、不動産チャネルの代理店が多く、マス向けのウェブチャネルは少数であるといえる。生保・医療では多くの種類の少額短期保険業者が参入しているため、募集チャネルおよび代理店チャネルも多岐にわたる。ペットではペットショップが代理店となり、主要な募集チャネルであるといえるが、ペットメディア等、ペットに興味のある顧客基盤を保有する企業への代理店委託も行われている。費用・その他では、平時でも比較的ニーズ喚起がされやすい弁護士費用やスマートフォンを対象とする商品はウェブサイトでの取扱いが多く、結婚式等特定のタイミングでニーズ喚起がなされる商品はその顧客基盤を有する事業者への代理店委託が行われている（図表1－19）。

図表1-19　領域ごとの募集チャネルおよび代理店チャネルの概要

領域	募集チャネル	うち代理店チャネル
家財	代理店を主体としており、マス向けにウェブサイトの募集チャネルを展開する少額短期保険業者は少数	不動産仲介・管理会社・団体等の不動産チャネルの代理店と委託契約を締結（プロ代理店は少数）。不動産事業者が設立した少額短期保険業者の場合は、グループ会社を中心に代理店委託を行い、顧客囲い込みを実施
生保・医療	代理店・通販・ウェブを組み合わせた募集を多くの少額短期保険業者が手がけており、代理店のみでの募集は少数	代理店・営業職員チャネルは葬儀事業者、ネット系の代理店、プロ代理店等、偏りなく少額短期保険業者ごとの戦略に応じた代理店委託を実施
ペット	代理店およびウェブの2チャネルを通じて募集をしている少額短期保険業者がほとんど	ペットショップを中心に委託契約を締結。ペットメディア等、ペットに興味のある顧客基盤を有する企業とも提携を実施
費用・その他	保険の対象により、チャネル構成を選択 ✓バイク・自転車・結婚式：代理店 ✓弁護士費用：代理店およびウェブ ✓スマートフォン：ウェブ中心	バイク・自転車、結婚式の商品は顧客基盤を有する事業者へ代理店を委託。弁護士費用やスマートフォンは特定の領域にかかわらず代理店委託を実施

第 2 章

少額短期保険ビジネスの法規制

1　少額短期保険業制度の創設経緯と新規参入

（1）　少額短期保険制度創設の経緯（無認可共済問題）

　日本においては、保険と類似の制度として、共済という制度が存在する。共済とは、一般的に一定の地域または職域でつながる者が団体を構成し、将来発生するおそれのある一定の偶然の災害や不幸に対して共同の基金を形成し、団体構成員にこれらの災害や不幸が発生した際に一定の給付を行う制度とされる。その共済には、根拠法を有する共済（たとえば、農業協同組合法に基づいて運営される農業協同組合（JA共済）等）と、特別な根拠法がなく、任意団体等が特定の者を対象とした共済である、いわゆる根拠法のない共済が存在した。

　共済と保険業法との関係であるが、根拠法のある共済は、「他の法律に特別の規定があるもの」として、保険業法の適用外とされた。これに対して、根拠法のない共済は、その成り立ちが特定の者の間の自発的な共助を基礎とするものであるため、その契約者を保護するための公的規制までは基本的に必要がないとして、保険業法の規制対象外とすることとし、1996年4月より施行された保険業法（平成7年6月7日法律第105号）においても、「不特定の者を相手方として」保険を引き受けることを保険業と定義することにより、特定の者の間での共助である根拠法のない共済を、保険業法の規制がかからないようにした。

　このように根拠法のない共済が保険業法の適用除外となる根拠は、契約の相手方が「特定の者」であることが根拠であったが、どのような場合に「特定の者」となるのかについて保険業法上明確でなかったことから、実質的には不特定の者を相手方として共済（保険）を行っているにもかかわらず、特定の者を相手方としていると主張し、保険業法の適用を受けないかたちで、実質的に保険業を行う団体が急増した。これらのなかには、マルチ商法を行

20

う共済が存在するなど、消費者保護の観点から早急な対応が必要とされた（無認可共済問題）。

　そこで、金融庁は、2003年6月、「根拠法のない共済について」という注意喚起文書をウェブサイトに掲示し、消費者に対して、根拠法のない共済と保険会社との違いを説明するとともに、根拠法のない共済については、監督官庁がなく、契約者保護に欠けるおそれがあることを説明のうえ、加入する場合は慎重に検討するように促した。もっとも、その後も根拠法のない共済の加入者が増え続けてきたことから、金融庁は、2004年1月から、金融審議会において根拠法のない共済への対応の検討を開始し、また、総務省行政評価局においても、同年4月から10月にかけて、根拠法のない共済の実態等の調査を行った[1]。この根拠法のない共済に関する実態調査の結果もふまえ、金融審議会において、同年12月「根拠法のない共済への対応について」（金融審議会金融分科会第二部会報告）がまとめられ、そこで、以下の基本的な考え方が示された。

---

①　構成員が真に限定されるもの（小規模な共済や企業内共済等）は規制の対象外。これ以外の共済は、契約者保護の観点から一定の規制が必要。

②　新たな規制の対象となる共済については、保険業法が適用されるべき。ただし、一定の事業規模の範囲内という条件のもので、少額短期保障（保障期間が短期のものであって、保険金が見舞金、葬儀費用、個人の通常の活動で生じる物損の補てん等程度）のみを提供する事業者については、その特性をふまえた新たな規制の枠組みを導入することが適当。

　上記報告をふまえて、契約者保護等の観点から、少額かつ短期の保障のみを提供する事業者について、新たな規制の枠組みとして保険業法に規定され

1　調査結果は、2004年10月「根拠法のない共済に関する調査結果報告書」として公表されている。

図表 2 − 1 　少額短期保険業者と保険会社の規制の主な比較

	少額短期保険業者	保険会社
参入規制	登録制	免許制
最低資本金	1,000万円	10億円
供託金	1,000万円＋年間収受保険料の5％	なし
事業規模	年間収受保険料50億円以下	制限なし
生損保の兼業規制	生保・損保の兼業可	生保・損保の兼業禁止
保険金額の限度額	死亡保険：300万円 医療保険：80万円 損害保険：1,000万円　など	限度額なし
保険期間の上限	生命保険・医療保険：1年 損害保険：2年	上限なし
商品審査	届出	認可
業務範囲	固有業務／付随業務（狭い）／関連業務	固有業務／付随業務（広い）／法定他業
資産運用	預金、国債等の安全資産に限定	運用資産は原則自由
子会社の業務範囲	付随・関連業務子会社のみ	銀行、証券会社、保険会社、従属業務・金融関連業務子会社など
セーフティネット	なし	あり
株主規制	保険議決権大量保有届出（5％ルール）なし 主要株主規制（承認）	保険議決権大量保有届出（5％ルール）あり 主要株主規制（認可）

たのが「少額短期保険業制度」である（「第12章　少額保険業者の特例」という章を保険業法に新設）。

　少額短期保険業は、保険金が少額で保険期間が短期の保険の引受けのみを行うものであるため、高額・長期の保険の引受けを行う保険会社に関する規

制よりも、緩やかな規制となっている。少額短期保険業者と保険会社との規制の主な比較は図表2-1のとおりである。

(2) 異業種からの新規参入

2006年4月から少額短期保険業制度が開始されたが、前記のとおり、当初は無認可共済への対応が主たる課題であった。また、新規参入も、不動産管理業者が自ら保険代理店として取り扱っている賃貸入居者向けの専用の少額短期保険業者を設立するなど、既存の保険商品を販売する業者が大半であった。

もっとも、近時は、保険会社と比べて参入障壁が低く、また、規制が緩やかであるため多様な商品が組成できる点に着目し、保険会社が新商品のテストマーケティング、イノベーションの実現または既存商品・サービスの補完等を目的に子会社を設立して参入する例や、一定の顧客基盤を有する異業種が新規に参入する例も相次いでいる。

---

2 参入に関する規制

(1) 登録手続

少額短期保険業を行うためには、事前に、内閣総理大臣（内閣総理大臣の権限は、原則として金融庁長官に委任され（保険業法313条1項）、金融庁から原則として財務局長または財務支局長に委任されている（同条2項）。本書では、以下、内閣総理大臣の権限とされているところについては「行政庁」と記載する[2]）の登録を受ける必要がある（同法272条1項）。少額短期保険業者は、一定の事業規模の範囲内で、保険金額が少額、保険期間が短期の保険のみの引受け

2　個別の委任先についてまとめたものとして、保井俊之編著『保険業法Q&A　少額短期保険業のポイント』（保険毎日新聞社、2006年）186〜197頁。

を行うものであり、生命保険や損害保険会社と異なり長期の事業継続や巨大なリスク引受けが行われないことから、免許制ではなく、登録制とされている。

ア　登録申請書[3]

登録申請書には、以下の事項を記載しなければならない（保険業法272条の2第1項）。登録申請書の様式は、保険業法施行規則別紙様式第16号を使用する。

【登録事項】

① 商号

商号に「少額短期保険」の文字を用いることは強制されていない。

② 資本金の額

③ 取締役および監査役（監査等委員会設置会社にあっては取締役、指名委員会等設置会社にあっては取締役および執行役）の氏名

④ 会計参与設置会社にあっては、会計参与の氏名または名称

⑤ 少額短期保険業以外の業務を行うときは、その業務の内容

⑥ 本店その他の事務所の所在地

登録申請書には以下の書類を添付する必要がある（保険業法272条の2第2項、保険業法施行規則211条の3）。

【登録申請書の添付書類】

① 定款

② 事業方法書

少額短期保険業者がその事業運営にあたって従うべき準則を示したものをいう。事業方法書には、以下の事項を記載しなければならない（保険業法施行規則211条の4）。

(a) 被保険者または保険の目的の範囲および保険の種類の区分

(b) 被保険者または保険の目的の選択および保険契約の締結の手続に関す

3　保険業法上は、少額短期保険業者は、株式会社のみならず、相互会社でも運営することは可能とされているが、ガバナンス上、相互会社が登録を受けることは現実的にはむずかしいと考えられることから、本書では株式会社を前提とした記載とする。

る事項

(c) 保険料の収受ならびに保険金および払い戻される保険料およびその他の返戻金の支払に関する事項

(d) 保険証券、保険契約の申込書およびこれらに添付すべき書類に記載する事項

(e) 保険契約の特約に関する事項

③ 普通保険約款

　少額短期保険業者が締結する保険契約に共通的な事項をあらかじめ定めた定型的な約款をいう。

　普通保険約款には、以下の事項を記載しなければならない（保険業法施行規則211条の5）。

(a) 保険金の支払事由

(b) 保険契約の無効原因

(c) 保険者としての保険契約に基づく義務を免れるべき事由

(d) 保険料の増額または保険金の削減に関する事項

(e) 保険者としての義務の範囲を定める方法および履行の時期

(f) 保険契約者または被保険者が保険約款に基づく義務の不履行のために受けるべき不利益

(g) 保険契約の全部または一部の解除の原因ならびに当該解除の場合における当事者の有する権利および義務

(h) 契約者配当を有する者がいる場合においては、その権利の範囲

(i) 保険契約を更新する場合においての保険料その他の契約内容の見直しにする事項

　なお、事業方法書および普通保険約款については、少額短期保険業者向けの監督指針「Ⅳ.保険商品審査上の留意点等」の事業方法書の記載事項に係る審査事項（同監督指針Ⅳ－1）および普通保険約款の記載事項に係る審査事項（同監督指針Ⅳ－2）を参照しつつ、内容を検討する必要がある。

④ 保険料および責任準備金の算出方法書

　保険料および責任準備金の算出方法書（以下「算出方法書」という）とは、

少額短期保険業者が保険契約者から収受する保険料の算出方法と、将来の保険金等の支払に備えて積み立てなければならない責任準備金の算出方法を定めたものをいう。

算出方法書には、以下の事項を記載しなければならない（保険業法施行規則211条の6）。

(a) 保険料の計算の方法（その計算の基礎となる係数を要する場合においては、その係数を含む）に関する事項

(b) 責任準備金の計算の方法（その計算の基礎となる係数を要する場合においては、その係数を含む）に関する事項

(c) 保険契約が解約された場合に払い戻される返戻金の計算の方法およびその基礎に関する事項

(d) 契約者配当準備金および契約者配当の計算の方法に関する事項

(e) 純保険料に関する事項

(f) その他保険数理に関して必要な事項

算出方法書の内容が保険数理に基づき合理的かつ妥当なものであることを確認した結果を記載した保険計理人の意見書もあわせて提出することとされている（保険業法施行規則211条の3第1項7号）。実務上、少額短期保険業者は保険計理人を雇用せずに、外部のコンサルティング会社等に所属する保険計理人と業務委託契約を締結することが多いが、その場合、委託を受けた保険計理人が意見書を作成することになる。

⑤ 会社の登記事項証明書

⑥ 事業計画書

⑦ 直近の日計表その他の最近における財産および損益の状況を知ることができる書類

⑧ 取締役および監査役（監査等委員会設置会社にあっては取締役、指名委員会等設置会社にあっては取締役および執行役）ならびに保険計理人の履歴書

⑨ 会計参与設置会社にあっては、会計参与の履歴書

⑩ 取締役および監査役（会計参与設置会社にあっては、会計参与を含む）が欠格事由に該当しない者であることを当該取締役および監査役が誓約する

書面

⑪　保険計理人が適格要件に該当することを証する書面

⑫　保険料および責任準備金の算出方法が保険数理に基づき合理的かつ妥当なものであることについての保険計理人の意見書

⑬　その総株主の議決権の100分の５を超える議決権を保有する株主の商号、名称または氏名およびその保有する議決権の数を記載した書面

⑭　少額短期保険業者の業務に関する知識および経験を有する従業員の確保の状況を記載した書類

⑮　ⅰ）またはⅱ）に掲げる場合の区分に応じ、ⅰ）またはⅱ）に定める事項を記載した書面

　ⅰ）　指定少額短期保険業務紛争解決機関が存在する場合

　　　少額短期保険業務に係る手続実施基本契約を締結する措置を講じようとする当該手続実施基本契約の相手方である指定少額短期保険業務紛争解決機関の商号または名称

　ⅱ）　指定少額短期保険業務紛争解決機関が存在しない場合

　　　少額短期保険業務に関する苦情処理措置および紛争解決措置の内容

⑯　純資産額およびその算出根拠を記載した書面

⑰　登録申請者が子会社等を有する場合には、次に掲げる書類

　ⅰ）　当該子会社等の名称および主たる営業所または事務所の位置を記載した書類

　ⅱ）　当該子会社等の役員（役員が法人であるときは、その職務を行うべき者を含む）の役職名および氏名または名称を記載した書類

　ⅲ）　当該子会社等の業務の内容を記載した書類

　ⅳ）　当該子会社等の最終の貸借対照表、損益計算書、株主資本等変動計算書その他の当該子会社等の最近における業務、財産および損益の状況を知ることができる書類

⑱　その他参考となるべき事項を記載した書面

イ　登録審査

　㋐　登録拒否要件

　登録申請書を提出し、それが受理された場合、以下の登録拒否要件のいずれにも該当しなければ、少額短期保険業者として登録されることとなる（保険業法272条の4第1項）。

【登録拒否要件】

①　株式会社または相互会社でない者（1号）

　資本金が3億円未満の株式会社は、取締役会および監査役、監査等委員会または指名委員会等を、3億円以上の株式会社は、取締役会および監査役会、監査等委員会または指名委員会等ならびに会計監査人を置くことが登録の要件となる（保険業法施行令38条の2、保険業法272条の4第1項1号）。

②　資本金の額が1,000万円に満たない株式会社（2号）

　最低資本金等は1,000万円とされている（保険業法施行令38条の3：資本金規制）。この点、保険会社の最低資本金の額が10億円であることに比べると、金額は大幅に低く設定されている。少額短期保険業者は、引き受けられる保険の保険期間・保険金額に制限があること、引き受けるリスクに応じた責任準備金の積立義務を課し、リスクに応じた自己資本の充実状況について適切に監督を行うことから、最低資本金を低く設定しても契約者保護の観点からの問題が生じるおそれは少ないことがその理由である。もっとも、設立にかかる諸費用、人件費、責任準備金の繰入および次に説明する純資産規制等を考えると、資本金1,000万円で開業することは現実的ではなく、念頭に置いている事業規模に応じてより多くの資本金を拠出することが一般的である。

③　純資産額が1,000万円に満たない株式会社（3号）

　財産的基礎として、1,000万円以上の純資産の確保が求められる（保険業法施行令38条の3：純資産規制）。資本金規制に加えて純資産規制が設けられたのは、最低資本金額の規制のみでは、累積損失の発生等により、万一の場合に最低資本金額に相当する資産が不足している場合もありうることから、少額短期保険業者の財産的基盤を確保するためである。

　また、登録拒否要件であることから、登録後も1,000万円以上の純資産額

の確保が求められ、当該金額を下回った場合は、行政庁は、業務の全部または一部の停止や少額短期保険業としての登録を取り消すことができる（保険業法272条の26第1項1号）。

④　定款の規定が法令に適合しない株式会社（4号）

⑤　事業方法書および普通保険約款の内容が基準に適合しない株式会社（5号）

⑥　保険料および責任準備金の算出方法が保険数理に基づき合理的かつ妥当なものであることについて、保険計理人による確認が行われていない株式会社（6号）

算出方法書の審査については、本章6(1)ア(ｳ)（算出方法書）を参照のこと。

⑦　保険業の免許や、少額短期保険業、特定保険募集人または保険仲立人の登録を取り消され、その取消しの日から5年を経過しない株式会社（7号）

⑧　保険業法、出資法またはこれらに相当する外国の法令の規定に違反し、罰金刑に処せられ、その刑の執行を終わり、またはその刑の執行を受けることがなくなった日から5年を経過しない株式会社（8号）

⑨　ほかに行う業務が少額短期保険業に関連する業務として内閣府令で定める業務以外の業務である株式会社、または当該ほかに行う業務がその少額短期保険業を適正かつ確実に行うにつき支障を及ぼすおそれがあると認められる株式会社（9号）

少額短期保険業者の業務範囲については、本章2(3)参照。

⑩　取締役、執行役、会計参与または監査役のうちに次の欠格事由に該当する者のある株式会社（10号）

ⅰ）破産手続開始の決定を受けて復権を得ない者または外国の法令上これと同様に取り扱われている者

ⅱ）禁錮以上の刑（これに相当する外国の法令による刑を含む）に処せられ、その刑の執行を終わり、またはその刑の執行を受けることがなくなった日から5年を経過しない者

ⅲ）保険業の免許や、少額短期保険業、特定保険募集人または保険仲立人の登録を取り消された場合、または保険業法に相当する外国の法令の規

定により当該外国において受けている同種類の免許もしくは登録（当該
免許または登録に類する許可その他の行政処分を含む）を取り消された場
合において、その取消しの日前30日以内にその会社の取締役、執行役、
会計参与もしくは監査役または日本における代表者であった者（これら
に類する役職にあった者を含む）でその取消しの日から5年を経過しない
者

iv) 特定保険募集人や保険仲立人の登録を取り消された場合または保険業
法に相当する外国の法令の規定により当該外国において受けている同種
類の登録（当該登録に類する許可その他の行政処分を含む）を取り消され
た場合において、その取消しの日から5年を経過しない者

v) 内閣総理大臣により解任を命ぜられた保険会社や少額短期保険業者の
役員もしくは外国保険会社等や特定法人の日本における代表者または保
険業法に相当する外国の法令の規定により解任を命ぜられた役員もしく
は日本における代表者（これらに類する役職にあった者を含む）で、その
処分を受けた日から5年を経過しない者

vi) 8号に規定する法律もしくは暴力団員による不当な行為の防止等に関
する法律の規定もしくはこれらに相当する外国の法令の規定に違反し、
または刑法もしくは暴力行為等処罰に関する法律の罪を犯し、罰金の刑
（これに相当する外国の法令による刑を含む）に処せられ、その刑の執行を
終わり、またはその刑の執行を受けることがなくなった日から5年を経
過しない者

⑪ 少額短期保険業を的確に遂行するに足りる人的構成を有しない株式会社
（11号）

本要件は、少額短期保険業者に事業を健全かつ適切に運営するだけの業務
遂行能力があることを求めるものである。もっとも、少額短期保険業の業務
内容や規模には非常に小規模で単純なものから、通常の保険会社の行う事業
に近しいものまで大小様々なものがあり、個々の事業内容に応じて必要とさ
れる水準が異なることから、一律の基準は設けられていない。それゆえ、異
業種から少額短期保険業に参入する際に、役職員すべてが保険事業に精通し

ていることまでは求められないものの、実際に少額短期保険業のマネジメントや日々のオペレーションを遂行するうえでは、保険事業に精通した役職員が一定程度必要になるため、そのような役職員を確保できるか事前に検討しておく必要がある。

　実際の審査においては、当該登録申請者が行おうとする業務内容に照らして、専門知識を有する者の確保状況が適切か、各部門への配置状況は適切かといった観点から個別に検討されることとなる。具体的には、登録申請書およびその添付書類を参考にしつつ、登録申請者に対してヒアリングを行い、以下の点について確認をする（少額短期保険業者向けの監督指針Ⅲ－2－1⑴④）。

(a)　業務の的確な遂行に必要な人員が各部門に配置され、内部管理等の責任者が適正に配置される組織体制、人員構成にあること。

(b)　次に掲げる体制整備が可能な要員の確保が図られていること（ⅰ)およびⅳ)については、保険計理人の関与状況を含む)。

ⅰ)　経営管理

ⅱ)　保険募集管理（募集人に対する教育・管理・指導)

ⅲ)　保険金等支払管理

ⅳ)　財務の健全性確保（責任準備金等積立金、支払余力基準等)

ⅴ)　リスク管理（商品開発、再保険、保険引受、流動性等)

ⅵ)　電算システム管理（名寄せシステム等)

ⅶ)　顧客管理（顧客情報管理を含む)

ⅷ)　法令等遵守

ⅸ)　苦情・トラブル処理

ⅹ)　内部監査

(c)　取締役、執行役、会計参与もしくは監査役または使用人のうちに、以下の事項に該当する者があることにより、少額短期保険業の信用を失墜させるおそれがないか。

ⅰ)　暴力団員による不当な行為の防止等に関する法律2条6号に規定する暴力団員であること（過去に暴力団員であった場合を含む)。

ii) 暴力団員による不当な行為の防止等に関する法律2条2号に規定する暴力団と密接な関係を有すること。

(d) 少額短期保険業を的確に業務遂行できる態勢の審査にあたっては、以下の役員または使用人等の確保の状況により判断することとする。なお、これらはあくまでも例示であり、その行うべき態勢整備は申請者が行おうとする業務の規模、特性により異なることに留意し、申請者が以下の基準を満たしていない場合には、満たす必要がない合理的理由について聴取することとする。

i) 本部機能を有する部門に、保険業務に関する知識を有する者を複数名配置することとなっているか。うち少なくとも1名は、保険業務を3年以上経験した者であるか。

ii) 保険計理人の要件については、保険業法施行規則211条の49に基づく基準を満たしているか。

保険業法施行規則211条の49に基づく基準とは、社団法人日本アクチュアリー会の正会員かつ5年以上、もしくは準会員かつ10年以上の保険数理に関する業務従事者等をいう。

iii) 保険募集管理部門、保険金等支払管理部門、財務管理部門、リスク管理部門および内部監査部門のそれぞれに、保険業務に関する知識を有する者を配置することとなっているか。

iv) 法令等遵守の管理部門に、保険業務に関する知識を有する者を配置することとなっているか。

(e) 内部監査部門は、少額短期保険業務を行うすべての部門に対して十分な相互けん制機能が働く体制となっているか。

⑫ 保険会社（12号）

保険会社は、少額短期保険業も行うことができるため重ねて登録を認める必要がなく、むしろ登録を認めれば、少額短期保険業として引き受けたのか通常の保険業として引き受けたのかについて誤解を招きかねないことから、保険会社による登録は認められていない。

なお、少額短期保険事業者が保険業の免許を取得し、保険会社になること

は可能である。この場合、少額短期保険業者としての登録は失効する（保険業法273条3項）。

(イ) 供 託 金

少額短期保険業者は、その事業開始時に1,000万円を供託しなければならない（保険業法272条の5第1項、保険業法施行令38条の4第1号）。また、行政庁は、保険契約者等の保護のため必要があると認めるときは、事業開始前に、上記1,000万円のほか、相当と認める額の金銭の供託を命ずることができる（同法272条の5第2項）。このように供託が求められる趣旨は、保険会社と異なり、少額短期保険業者は保険契約者保護機構への加入を義務づけられていないため、万が一、破綻した場合に保険契約者が被る損失を補てんするための金銭を確保する必要性があるからである。

なお、翌事業年度からは、事業開始時の1,000万円に加えて、前年度の年間収受保険料の5％の額の供託が義務づけられている（保険業法272条の5、保険業法施行令38条の4、保険業法施行規則211条の9）。

供託金の提供は、銀行等との間で保証委託契約を締結することや損害保険会社との間で責任保険契約を締結することで全部または一部を代替することができる（保険業法272条の5第3項・4項、272条の6）。

(ウ) 登録審査に要する期間

登録に要する標準処理期間は60日以内とされている（保険業法施行規則246条1項30号）。もっとも、標準処理期間の開始日は、正式に登録申請書が受理された日である（同条2項）。そして、実務上は、正式に登録申請書を受理される前に、登録申請書のドラフトを基にして実質的な審査がなされるため、結果的には60日よりも期間を要することが多いことを念頭に置いて、諸々のスケジュールを組む必要がある。

(2) 株主に関する規制

ア 株主に関する規制の概要

少額短期保険業は公共性を有する業務であり、その経営の健全性を確保することが重要である。そこで、少額短期保険業者の業務運営に相当程度の影

図表2-2　保険会社と少額短期保険業者の株主に係る主な規制の比較

議決権保有割合	保険会社	少額短期保険業者
5％超保有	保険議決権大量保有届出（保険業法271条の3）	なし
主要株主規制 ・20％以上保有（影響力ありの場合15％以上保有）	認可	承認
50％超保有	業務改善計画書の提出命令	なし
持株会社 ・50％超保有、かつ独禁法上の持株会社（子会社株式の取得価額の合計額が総資産の50％超）	認可（保険持株会社）	承認（少額短期保険持株会社）

響力を有する大口株主についての規制が定められている。

　もっとも、免許制であり、業務範囲も広い保険会社と比べて、少額短期保険業者は登録制であり、その業務範囲も限定されていることから、保険会社の株主に対する規制よりも緩やかな規制となっている（図表2-2）。

イ　少額短期保険主要株主

（ア）　少額短期保険主要株主とは

　少額短期保険主要株主とは、少額短期保険業者の主要株主基準値以上の数の議決権の保有者であって、行政庁の承認を受けた者をいう（保険業法272条の31）。少額短期保険業者の主要株主基準値以上の数の議決権の保有者になろうとする者または少額短期保険業者の主要株主基準値以上の数の議決権の保有者である会社その他の法人の設立をしようとする者は、あらかじめ行政庁の承認を受けなければならない（同条）。このように事前の承認が必要とされた趣旨は、主要株主による少額短期保険業者の業務運営・経営管理のあり方や、これらの者の財務状況等が、少額短期保険業者の経営の健全性に影響を及ぼすことから、その議決権保有目的や経営管理能力、財務状況を事前

に審査し、適格性を判断しようとするものである。

(イ)　主要株主基準値

主要株主基準値とは、総株主の議決権の20％をいう（保険業法2条13項）。

ただし、財務および営業または事業の方針の決定に対して重要な影響を与えることが推測される事実が存在するとされる以下の①から⑤のいずれかの要件に該当する者が、当該少額短期保険業者の議決権の保有者である場合にあっては、総株主の議決権の15％をいう（保険業法2条13項、保険業法施行規則1条の2の4、財務諸表等規則8条6項2号）。

① 役員もしくは使用人である者、またはこれらであった者で少額短期保険業者の財務および営業または事業の方針の決定に関して影響を与えることができる者が、当該少額短期保険業者の代表取締役、取締役またはこれらに準ずる役職に就任していること。

② 少額短期保険業者に対して重要な融資を行っていること。

③ 少額短期保険業者に対して重要な技術を提供していること。

④ 少額短期保険業者との間に重要な販売、仕入れその他の営業上または事業上の取引があること。

⑤ その他少額短期保険業者の財務および営業または事業の方針の決定に対して、重要な影響を与えることができることが推測される事実が存在すること。

(ウ)　議決権の算定方法（みなし議決権保有）

議決権の算定方法としては、議決権を直接保有する場合のみならず、間接的に議決権を保有しているとみなされる場合も、自ら保有するものとみなされる（保険業法2条の2各号、図表2－3）。なお、保有しているとみなされる議決権が、主要株主基準値以上となる者を、みなし主要株主と呼ぶ。

(エ)　承認拒否要件

承認に際しては、所定の事項を記載した承認申請書を必要な添付書類とともに財務局長等に提出する（保険業法272条の32、保険業法施行規則211条の72）。承認申請書の様式は、保険業法施行規則別紙様式第16号の22を使用する。

図表2-3　みなし議決権保有（保険業法2条の2）

	みなし保有者	みなし保有議決権数
1号	法人でない社団または財団で代表者または管理人の定めがあるもの	当該社団または財団名義で保有される議決権数
2号	連結財務諸表提出会社（連結財務諸表規則2条1号）であって、連結の範囲に少額短期保険業者が含まれるもののうち、他の会社の計算書類等に連結される会社以外の会社（同規則1条の5）	当該会社が保有する少額短期保険業者の議決権の数（会社法の規定により、株の持合いにより議決権を行使できないものを除く）に、連結する会社が保有する議決権（子会社の場合はすべて、関連会社の場合は持分等に応じて調整を加えた数）を合算して算出される数
3号	前号の会社に連結されない会社等が会社等集団(注1)に属し、かつ、当該会社等集団に属する会社等が保有する少額短期保険業者の議決権の合算が主要株主基準値以上の場合（以下「特定会社等集団」という）であって、当該会社等集団に属する会社等で、その議決権の過半数の保有者である会社等がない会社等	特定会社等集団が保有する議決権の合算数
4号	特定会社等集団に属する会社等のうちに前号に掲げる会社等がない場合において、当該特定会社等集団に属する会社等のうち貸借対照表上の資産の額が最も多い会社等	特定会社等集団が保有する議決権の合算数
5号	個人が議決権の過半数を保有する会社等がそれぞれ保有する少額短期保険業者の議決権の数（当該会社等が前各号に掲げる者であるときは、それぞれで定めた数）を合算した数（当該個人が少額短期保険業者の議決権を保有する場合は、その議決権数も加算した数。「合算議決権数」という）が少額短期保険業者の議決権の20%以上である者	合算議決権数

	みなし保有者	みなし保有議決権数
6号	少額短期保険業者の議決権の保有者のうち、その保有する少額短期保険業者の議決権の数（当該保有者が前各号に掲げる者であるときは、それぞれで定めた数）とその共同保有者(注2)の保有する少額短期保険業者の議決権数を合算した数（「共同保有議決権数」という）が少額短期保険業者の議決権の20%以上である者	共同保有議決権数
7号 前各号に掲げる者に準ずる者として内閣府令に定める者	少額短期保険持株会社の主要株主基準値以上の数の議決権の保有者（1号を含み、2号から6号までに掲げる者を除く）（同規則1条の7第1号）	保有する少額短期保険持株会社の議決権の数を、当該少額短期保険持株会社の総議決権の数で除して得た数に当該少額短期保険持株会社の子会社である少額短期保険業者の総議決権の数を乗じて得た数、または、当該者、当該少額短期保険持株会社および当該少額短期保険持株会社の子会社等が保有する当該少額短期保険持株会社の子会社である少額短期保険業者の議決権の数を合算して得た数のうちいずれか少ない数
	2号から6号までの規定中「少額短期保険業者」を「少額短期保険持株会社」と読み替えたならば当該各号に掲げるものとなる者（当該各号に掲げる者および前号に掲げる者を除く）（同規則1条の7第2号）	当該各号に定める議決権の数を当該議決権に係る株式を発行した少額短期保険持株会社の総株主の議決権の数で除して得た数に当該少額短期保険持株会社の子会社である少額短期保険業者の総株主の議決権の数を乗じて得た数、または、当該者、当該者の連結する会社等、当該者に係る会社等集団に属する会社等、当該者の合算議決権数を計算する場合においてその保有する議決権を合算もしくは加算する会社等もしくは個人もしくは当該者の共同保有者、当該保険

		みなし保有者	みなし保有議決権数
			持株会社等および当該保険持株会社等の子会社等が保有する当該保険持株会社等の子会社である保険会社等の議決権の数をそれぞれ合算して得た数のうちいずれか少ない数

注1：会社等集団とは、
　　　ⅰ)　当該少額短期保険業者の議決権の保有者である会社等
　　　ⅱ)　ⅰ)の会社等が総議決権の過半数を保有している会社等
　　　ⅲ)　ⅰ)の会社等の総議決権の過半数を保有している会社等
　　　の集団をいう（同規則1条の6第1項）。なお、会社等集団の範囲を決定するうえでは、他の会社等によってその総議決権の過半数を保有されている会社等が保有する議決権は、当該他の会社等が保有する議決権とみなされる（同条2項）。
　　　　　たとえば、少額短期保険業者A社の総議決権の15％を保有するB社と、A社の総議決権の5％を保有し、かつB社の親会社でもあるC社、さらにC社の親会社であるD社がいる場合、B社、C社、およびD社は同じ会社等集団に属していることとなり、当該会社等集団が保有するA社の議決権は合計20％となるから、当該会社等集団の最上位に位置するD社は、A社の議決権数の20％を保有するものとみなされ、みなし主要株主となる。
　　　　　他方、上記の例で、B社はA社の総議決権の60％を保有していたが、C社はB社の議決権を総議決権の40％しか保有していなかった場合、C社およびD社は同一の会社等集団に属するものの、B社はこれに属さないこととなるから、B社は主要株主に当たるが、C社とD社はみなし主要株主には当たらない。
注2：共同保有者とは、少額短期保険業者の議決権の保有者が、他の当該少額短期保険業者の議決権の保有者と共同して、当該議決権に係る株式を取得し、もしくは譲渡し、または当該少額短期保険業者の株主としての権利を行使することを合意している場合における、当該他の保有者をいう（保険業法2条の2第6号）。

　申請を受けた行政庁は、以下のいずれかの承認拒否要件に該当しない限り、これを承認する（保険業法272条の33）（審査基準につき、少額短期保険業者向けの監督指針Ⅲ－2－7－3－1参照）。

①　申請者が会社その他の法人である場合または当該承認を受けて会社その他の法人が設立される場合にあっては、次のいずれかに該当するとき（保険業法272条の33第1項1号）。

　(a)　取得資金に関する事項、保有の目的その他の法人申請者等（法人である申請者または当該承認を受けて設立される会社その他の法人）による少額短期保険業者の主要株主基準値以上の数の議決権の保有に関する事項に

照らして、当該法人申請者等がその主要株主基準値以上の数の議決権の保有者であり、またはその主要株主基準値以上の数の議決権の保有者となる少額短期保険業者の業務の健全かつ適切な運営を損なうおそれがあること。

(b) 法人申請者等およびその子会社（子会社となる会社を含む）の財産および収支の状況に照らして、当該法人申請者等がその主要株主基準値以上の数の議決権の保有者であり、またはその主要株主基準値以上の数の議決権の保有者となる少額短期保険業者の業務の健全かつ適切な運営を損なうおそれがあること。

(c) 法人申請者等が、次のいずれかに該当する者であること。

ⅰ) 保険業、外国保険業や特定法人の免許もしくは少額短期保険業、特定保険募集人や保険仲立人の登録を取り消された場合、または保険業法に相当する外国の法令の規定により当該外国において受けている同種類の免許もしくは登録（当該免許または登録に類する許可その他の行政処分を含む）を取り消された場合において、その取消しの日から5年を経過しない者

ⅱ) 保険業法、出資法またはこれらに相当する外国の法令の規定に違反し、罰金の刑（これに相当する外国の法令による刑を含む）に処せられ、その刑の執行を終わり、またはその刑の執行を受けることがなくなった日から5年を経過しない者

ⅲ) 役員のうちに、(イ)精神の機能の障害により職務を適切に行使するにあたって必要な認知、判断および意思疎通を適切に行うことができない者、(ロ)保険業法、会社法もしくは一般社団法人・財団法人法の規定に違反し、または金融商品取引法、民事再生法、外国倒産処理手続の承認援助に関する法律、会社更生法もしくは破産法に定める罪を犯し、刑に処せられ、その執行を終わり、またはその執行を受けることがなくなった日から2年を経過しない者、(ハ)少額短期保険業者の役員の欠格事由のいずれかに該当する者のある者

② ①以外の場合にあっては、次のいずれかに該当するとき（保険業法272条

の33第1項2号）。

(a) 取得資金に関する事項、保有の目的その他の当該申請者による少額短期保険業者の主要株主基準値以上の数の議決権の保有に関する事項に照らして、当該申請者がその主要株主基準値以上の数の議決権の保有者であり、またはその主要株主基準値以上の数の議決権の保有者となる少額短期保険業者の業務の健全かつ適切な運営を損なうおそれがあること。

(b) 当該申請者の財産の状況（当該申請者が事業を行う者である場合においては、収支の状況を含む）に照らして、当該申請者がその主要株主基準値以上の数の議決権の保有者であり、またはその主要株主基準値以上の数の議決権の保有者となる少額短期保険業者の業務の健全かつ適切な運営を損なうおそれがあること。

(c) 当該申請者もしくはその代理人が、精神の機能の障害により株主の権利を適切に行使するにあたって必要な認知、判断および意思疎通を適切に行うことができない者または上記①(c)ⅲ(ロ)、(ハ)に該当する者であること。

なお、承認に要する標準処理期間は30日以内とされている（保険業法施行規則246条1項34号）。

(オ) 監　　督

行政庁は、少額短期保険業者の健全かつ適切な運営を確保し、保険契約者等の保護を図るため、①主要株主に対し、当該少額短期保険業者の業務または財産の状況に関し参考となるべき報告や資料の提出を求め、または②当該職員にその主要株主の事務所その他の施設に立ち入らせ、当該少額短期保険業者もしくは当該主要株主の業務もしくは財産の状況に関し質問させ、または当該主要株主の帳簿書類その他の物件を検査させることができる（保険業法272条の34、271条の12、271条の13）。

また、主要株主が承認拒否要件に該当することとなったとき（承認時に付された条件に違反した場合を含む）には、行政庁は、当該主要株主に対し、承認拒否要件に該当しないようにするために必要な措置をとることを命ずることができる（保険業法272条の34、271条の14）ほか、主要株主が法令に違反し

たとき、法令に基づく行政庁の処分に違反したとき、公益を害する行為をしたときには、承認の取消しや、監督上必要な措置を命ずることができる（同法272条の34、271条の16）。

なお、保険会社の主要株主については、主要株主のうち、総株主の議決権数の50％超を保有する者に対して、追加出資を含む少額短期保険業者の経営の健全性を確保するための改善計画の提出命令等を行うことができるが（保険業法271条の15第1項）、少額短期保険業者の主要株主についてはそのような規制は設けられていない。これは認可制である保険会社の主要株主制度と比べ、少額短期保険業の主要株主制度がより緩やかな承認制であり、保険主要株主に対する監督権と同等の監督権に服することは妥当でないと考えられたことによる。

ウ 少額短期保険持株会社

(ア) 定　　義

少額短期保険持株会社とは、少額短期保険業者を子会社とする持株会社であって、行政庁の承認を受けた者をいう（保険業法272条の37第2項）。ここに持株会社とは、子会社の株式の取得価額（最終の貸借対照表において別に付した価額があるときは、その価額）の合計額の当該会社の総資産の額に対する割合が50％を超える会社をいう（保険業法2条16項、私的独占の禁止及び公正取引の確保に関する法律9条4項1号）。持株会社になろうとする会社または少額短期保険業者を子会社とする持株会社の設立をしようとする者は、あらかじめ行政庁の承認を受けなければならない（保険業法272条の35）。

なお、少額短期保険持株会社が、少額短期保険業者のほかに、保険会社も子会社とした場合は、保険持株会社にも該当し、保険持株会社の規制が優先される（保険業法272条の39第5項）。また、銀行も子会社とした場合は、銀行持株会社にも該当し、銀行持株会社の規制が優先される（同法272条の39第6項）。

(イ) 承認要件

承認に際しては、所定の事項を記載した承認申請書を必要な添付書類とともに行政庁に提出する（保険業法272条の36、保険業法施行規則211条の75）。承

認申請書の様式は、同施行規則別紙様式第16号の23を使用する。

　申請を受けた行政庁は、以下のいずれかの承認拒否要件に該当しない限り、これを承認する（保険業法272条の37）（審査基準につき、少額短期保険業者向けの監督指針Ⅲ－2－7－1参照）。

①　申請者等（当該承認の申請をした会社または当該承認を受けて設立される会社）およびその子会社（子会社となる会社を含む）の財産および収支の状況に照らして、当該申請者等がその子会社であり、またはその子会社となる少額短期保険業者の業務の健全かつ適切な運営を損なうおそれがあること。

②　申請者等が、その人的構成等に照らして、その子会社であり、またはその子会社となる少額短期保険業者の経営管理を的確かつ公正に遂行することができる知識および経験を有しない者であること。

③　申請者等が次のいずれかに該当する者であること。

ⅰ）　保険業、外国保険業や特定法人の免許もしくは少額短期保険業、特定保険募集人や保険仲立人の登録を取り消された場合、または保険業法に相当する外国の法令の規定により当該外国において受けている同種類の免許もしくは登録（当該免許または登録に類する許可その他の行政処分を含む）を取り消された場合において、その取消しの日から5年を経過しない者

ⅱ）　保険業法、出資法またはこれらに相当する外国の法令の規定に違反し、罰金の刑（これに相当する外国の法令による刑を含む）に処せられ、その刑の執行を終わり、またはその刑の執行を受けることがなくなった日から5年を経過しない者

ⅲ）　役員のうちに、(a)精神の機能の障害により職務を適切に行使するにあたって必要な認知、判断および意思疎通を適切に行うことができない者、(b)保険業法、会社法もしくは一般社団法人・財団法人法の規定に違反し、または金融商品取引法、民事再生法、外国倒産処理手続の承認援助に関する法律、会社更生法もしくは破産法に定める罪を犯し、刑に処せられ、その執行を終わり、またはその執行を受けることがなくなった

日から２年を経過しない者、(c)少額短期保険業者の役員の欠格事由のいずれかに該当する者のある者

④　申請者等の子会社の業務の内容が次のいずれかに該当するものであること。

ⅰ）　当該業務の内容が、公の秩序または善良の風俗を害するおそれがあること。

ⅱ）　当該業務の内容が、当該申請に係る会社の資本金の額、人的構成等に照らして、当該申請に係る会社の経営の健全性を損なう危険性が大きく、かつ、その経営の健全性が損なわれた場合には、当該申請をした少額短期保険持株会社の子会社である少額短期保険業者の経営の健全性が損なわれることとなるおそれがあること。

(ウ)　**業務範囲**

①　経営管理業務

少額短期保険持株会社は、当該少額短期保険持株会社の属する少額短期保険持株グループの経営管理を行うことおよびこれに附帯する業務以外の業務を営むことができない（保険業法272条の38第２項）。

ここでいう「経営管理」とは、①グループの経営の基本方針その他これに準ずる方針として内閣府令で定めるもの（リスク管理方針や危機管理方針など）の策定およびその適切な実施の確保、②グループ内の各エンティティ間で利益が相反する場合における必要な調整、③グループのコンプライアンス体制の整備、④グループの業務の健全かつ適切な運営に資するものとして内閣府令で定めるものをいう（保険業法272条の38第４項、保険業法施行規則211条の77の２）。

②　共通・重複業務

①で述べたとおり、少額短期保険持株会社の業務は、子会社の経営管理等に限定されており、少額短期保険持株会社自らが業務を行うことは認められていなかったが、2021年の保険業法改正により、少額短期保険持株会社グループに属する少額短期保険業者を含む複数の会社に共通・重複する業務であって、当該少額短期保険持株会社グループの業務の一体的かつ効率的な運

営に資するものとして内閣府令で定めるものについては、自らが行うことが
できるようになった（保険業法272条の38の２第１項）。内閣府令においては、
資産運用、グループ全体の共通システムの管理、事務用品等の購入管理など
が規定されている（保険業法施行規則211条の77の３第１項）。

　少額短期保険持株会社が、共通・重複業務を行おうとするときには、事務
用品等の購入管理など内閣府令で定める軽易な業務（保険業法施行規則211条
の77の３第２項）を除き、あらかじめ行政庁の承認を受けなければならない
（保険業法272条の38の２第２項）。

㈑　子会社の範囲等

　少額短期保険持株会社の子会社は、原則として少額短期保険業者またはそ
の付随業務を営む会社でなければならず、これら以外の業務を行う会社を子
会社とする場合は、あらかじめ行政庁の承認を得なければならない（保険業
法272条の39第１項）。承認申請書の様式は、少額短期保険業者向けの監督指
針別紙様式Ⅳ－27を使用する。

　承認申請を受けた行政庁は、①当該業務の内容が、公の秩序または善良の
風俗を害するおそれがある場合、または②当該業務の内容が、当該申請に係
る会社の資本金の額、人的構成等に照らして、当該申請に係る会社の経営の
健全性を損なう危険性が大きく、かつ、その経営の健全性が損なわれた場合
には、当該申請をした少額短期保険持株会社の子会社である少額短期保険業
者の経営の健全性が損なわれることとなるおそれがある場合のいずれかに該
当しない限り、これを承認しなければならない（保険業法272条の39第３項）。

㈒　監督（保険業法272条の40）

　少額短期保険持株会社においても、主要株主と同様、行政庁は、必要な報
告や資料の提出を求め、または立入検査をすることができるほか、子会社で
ある少額短期保険業者の経営に関する業務改善命令等の監督上必要な措置を
命ずることができる。また、少額短期保険持株会社が法令・定款や法令に基
づく処分に違反したとき、公益を害する行為をしたときは、行政庁は、役員
等の解任その他監督上必要な措置の命令を出すことができるほか、承認の取
消し、子会社である少額短期保険業者の業務停止命令を出すことができる。

その他、少額短期保険持株会社は、下記の報告・届出義務を負う。

　①　事業報告書

　事業年度ごとに、少額短期保険持株会社およびその子会社等の業務および財産の状況を連結して記載した中間業務報告書および業務報告書を作成し、行政庁に提出しなければならない。

　②　ディスクロージャー

　事業年度ごとに、少額短期保険持株会社およびその子会社等の業務および財産の状況について連結して記載した説明書類を作成し、子会社である少額短期保険業者の本店および支店その他の営業所または事業所に備え置き、公衆の縦覧に供さなければならない。

エ　少額短期保険主要株主および少額短期保険持株会社の届出事項

　少額短期保険主要株主および少額短期保険持株会社を実効的に監督するため、図表2-4、2-5のとおり、行政庁への届出事項が定められている。

(3)　業務に関する規制

ア　業務の範囲

　少額短期保険業者は、㋐少額短期保険業（保険の引受け）、㋑付随業務、㋒行政庁の承認を前提とした関連業務を行うことができる（保険業法272条の11第1項・2項）。

㋐　少額短期保険業（保険の引受け）

　少額短期保険業とは、保険業のうち、保険期間が2年以内の政令で定める期間内であって、保険金額が1,000万円を超えない範囲において政令で定める金額以下の保険のみの引受けを行う事業をいう（保険業法2条17項）。

　なお、保険会社については、保険の引受けに加え（保険業法97条1項）、資産の運用（同条2項）も保険業（固有業務）として位置づけられているのに対して、少額短期保険業者については、資産運用は少額短期保険業（固有業務）とは位置づけられていない。これは少額短期保険業者の資産運用の方法が預金、国債の取得等に限定されていることから、業務として位置づけるま

図表2-4　少額短期保険主要株主の届出事項（保険業法272条の42第1項）

根拠条文		届出事項
1号		承認を受けて少額短期保険主要株主になったとき、または少額短期保険主要株主として設立されたとき
2号		承認申請書の記載事項に変更があったとき（議決権保有割合に変更があったときを除く） （注）承認申請書の記載事項（保険業法272条の32第1項各号・保険業法施行規則211条の72第2項各号） 　　ア　議決権保有割合に関する事項、取得資金に関する事項および保有の目的に関する事項 　　イ　商号、名称または氏名および住所 　　ウ　法人である場合においては、その資本金または出資の額およびその代表者の氏名 　　エ　事業を行っているときは、営業所の名称および所在地ならびにその事業の種類
3号		少額短期保険業者の総株主の議決権の100分の50を超える議決権の保有者となったとき
4号		少額短期保険業者の主要株主基準値以上の数の議決権の保有者でなくなったとき（6号の場合を除く）
5号		少額短期保険業者の総株主の議決権の100分の50を超える議決権の保有者でなくなったとき（4号および6号の場合を除く）
6号		解散したとき
7号		その総株主の議決権の100分の50を超える議決権が一の株主により取得または保有されることとなったとき （注）「その」とは少額短期保険主要株主のことを指す。少額短期保険主要株主の議決権変動に関する届出事項である。
8号	保険業法施行規則211条の86第1項1号	定款またはこれに準ずる定めを変更した場合
	同項2号	氏名もしくは名称を変更し、または住所、居所、主たる営業所もしくは事務所の設置、位置の変更もしくは廃止をした場合

図表2−5　少額短期保険持株会社の届出事項（保険業法272条の42第2項）

	根拠条文	届出事項
1号		承認を受けて少額短期保険持株会社になったとき、または当該承認に係る少額短期保険持株会社として設立されたとき
2号		少額短期保険業者を子会社とする持株会社でなくなったとき（5号の場合を除く）
3号		子会社とすることについて内閣総理大臣の承認を要しない会社（保険業法272条の39第1項各号に掲げる会社）を子会社としようとするとき
4号		その子会社が子会社でなくなったとき（2号の場合を除く）
5号		解散したとき
6号		資本金の額を変更しようとするとき
7号		その総株主の議決権の100分の5を超える議決権が一の株主により取得又は保有されることとなったとき
8号	保険業法施行規則211条の86第2項1号	定款またはこれに準ずる定めを変更した場合
	同項2号	新株予約権または新株予約権付社債を発行しようとする場合
	同項3号〜3号の8	役員等、会計参与および会計監査人を選任しようとする場合、または退任しようとする場合。ただし、これらの者の選退任の前に届出をすることができないことについて、やむをえない事情がある場合には事後届出で足りる。
	同項4号	事務所の設置、所在地の変更または廃止をしようとする場合
	同項4号の2	共通・重複業務のうち行政庁の承認を要しない軽易な業務（保険業法施行規則211条の77の3第2項に規定する業務）を行おうとする場合
	同項5号	担保権の実行等による株式の取得等の事由により他の会社を子会社とした場合
	同項6号	その子会社が商号もしくは名称、本店もしくは主たる営業

根拠条文	届出事項
	所もしくは事務所の位置の変更（変更前の位置に復することが明らかな場合を除く）、合併、解散または業務の全部の廃止を行った場合（2号または4号の場合を除く）
同項7号	少額短期保険持株会社が作成した事業報告およびその附属明細書を定時株主総会に提出した場合

でもないと考えられたことによる[4]。

(イ) 付随業務（専業義務）

　少額短期保険業者は、少額短期保険業に付随する業務を行うことができるが（保険業法272条の11第1項）、原則としてその他の業務を行うことができない（専業義務。同条2項）。このような専業義務が課されたのは、少額短期保険業者の財務の健全性は保険契約者等の保護を図るうえできわめて重要であるところ、他業が幅広く行われると行政庁による監督が及ばない他業の失敗等により、少額短期保険業者が破綻する可能性が排除されないこと等から、他業に伴うリスクを遮断する必要があると判断されたためである。

　「付随する業務」については、保険会社のような明文規定は置かれておらず、解釈によるほかないが、少額短期保険業者が保険会社と比べて緩やかな参入規制となっていること、資産運用の方法が限定されていることに鑑みれば、少額短期保険業を行ううえで真に必要不可欠な業務に限られると考えることが相当である[5]。具体的には、営業用資産として保有する不動産の余剰部分の賃貸などがこれに該当する。

(ウ) 関連業務

　少額短期保険業者は、行政庁の承認を受けて、少額短期保険業に関連する業務（「関連業務」という）である以下の業務を行うことができる（保険業法272条の11第2項、保険業法施行規則211条の24）。

4　保井俊之編著『保険業法Q&A　少額短期保険業のポイント』（保険毎日新聞社、2006年）117頁。
5　安居孝啓著『改訂3版　最新保険業法の解説』（大成出版社、2016年）881頁。

① 他の少額短期保険業者または保険会社（外国保険業者を含む）の次に掲げる事務の代行その他の保険業に係る事務の代行（保険業法施行規則211条の24第1号）

　イ　保険の引受けその他の業務に係る書類等の作成および授受等

　ロ　保険料の収納事務および保険金等の支払事務

　ハ　保険事故その他の保険契約に係る事項の調査

　ニ　保険募集を行う者の教育および管理

② 他の少額短期保険業者または保険会社（外国保険業者を含む）の保険契約の締結の代理、損害査定の代理その他の保険業に係る業務の代理であって、少額短期保険業者が行うことが保険契約者等の利便の増進等の観点から合理的であるもの（保険業法施行規則211条の24第2号）

　少額短期保険業者が、上記①または②の業務について行政庁の承認を受けるためには、以下の書類を行政庁に提出しなければならない（保険業法施行規則211条の25第1項・2項）。

① 承認申請書

　ア　商号

　イ　登録年月日および登録番号

　ウ　承認を受けようとする業務の種類

　エ　当該業務の開始予定年月日

② 添付書類

　ア　当該業務の内容および方法

　イ　当該業務を所掌する組織および人員配置

　ウ　当該業務の運営に関する社内規則

　行政庁は、承認に際して、以下に掲げる基準に適合するかどうかについて審査する（保険業法施行規則211条の25第3項）。

① 当該関連する業務を行うことが、当該承認の申請をした少額短期保険業者が少額短期保険業を適正かつ確実に行うにつき支障を及ぼすおそれがないと認められること。

② 当該関連する業務に関する十分な知識および経験を有する役員または使

用人の確保の状況、当該関連する業務の運営に係る体制等に照らし、当該承認の申請をした少額短期保険業者が当該関連する業務を的確、公正かつ効率的に遂行することができると認められること。

③　他の少額短期保険業者または保険会社の業務の代理または事務の代行を行う場合には、当該他の少額短期保険業者または保険会社の業務の的確、公正かつ効率的な遂行に支障を及ぼすおそれのないものであること。

なお、少額短期保険業の登録申請書に申請者が少額短期保険業およびこれに付随する業務以外の業務（関連業務）を行う旨の記載がある場合において、当該申請者がその登録を受けたときには、当該業務を行うことについて、承認を受けたものとみなされる（保険業法272条の11第3項）。

イ　事業規模の制限

㋐　50億円の壁

少額短期保険業者は、前事業年度における年間収受保険料が50億円を超えない事業者（以下「小規模事業者」という）でなければならない（保険業法272条2項、保険業法施行令38条）。このように事業規模に制限が設けられた趣旨は、たとえ少額かつ短期のみの引受けであっても、事業規模を拡大して多数の者を相手方に行うこととなれば、当該事業者が破綻した場合等の影響が甚大となるおそれがあり、それに見合う財産的基礎や保険契約者保護機構のような制度が必要となるが、それらを要求していない少額短期保険業者においては、事業規模を一定以下にする必要があると考えられたことによる。

「年間収受保険料」は、以下の①～③の合計額から、④～⑥の合計額を控除した額のことをいう（保険業法施行令38条、保険業法施行規則211条）。

①　前事業年度において収受した保険料または収受すべきことの確定した保険料

②　再保険返戻金

③　受再会社から収受する手数料（再保険手数料）

④　①の保険料のうち、払い戻したもの、または払い戻すべきもの

⑤　当該事業年度において支払った、または支払うべきことの確定した再保険料

⑥ 当該事業年度において支払って、または支払うべきことの確定した解約返戻金

(イ) 50億を超えそうな場合

少額短期保険業者が、当該事業年度の年間収受保険料が50億円を超えると見込まれる場合は、翌事業年度の開始日である4月1日までに保険業の免許を取得しなければならない。仮に保険業の免許を取得していなかった場合は、登録の取消し等がなされるおそれがある（保険業法272条の26第1項）。保険業の免許取得の標準処理期間は120日とされているため（保険業法施行規則246条1項1号）、早めに準備することが重要となる。

この点、少額短期保険業者としても、保険会社に比べて課される規制が緩やかであること等を理由に、引き続き少額短期保険業者にとどまりたい意向を有する場合がある。そのような場合は再保険を活用し、少額短期保険業者が損害保険会社や再保険会社に出再した部分を年間収受保険料から控除することで、年間収受保険料が50億円を超えることを回避し、引き続き少額短期保険業者にとどまることが実務上行われている。ただし、前記(ア)③のとおり、少額短期保険業者が損害保険会社等から受領する再保険手数料は年間収受保険料として扱われる点に留意する必要がある。

ウ 資産運用の方法

少額短期保険業者が、保険料として収受した金銭その他の資産の運用を行うには、以下の方法によらなければならない（保険業法272条の12、保険業法施行規則211条の26～211条の28）。なお、以下の方法であっても、外貨建てのものはいっさい認められていない。

① 銀行、長期信用銀行、株式会社商工組合中央金庫、信用金庫および信用金庫連合会、労働金庫および労働金庫連合会、農林中央金庫または信用協同組合および信用協同組合連合会への預金（保険業法施行規則211条の26）

② 国債、地方債、政府保証債、金融商品取引法2条1項3号に定める債券の取得（保険業法施行規則211条の27）

③ 農業協同組合および農業協同組合連合会への貯金、漁業協同組合および漁業協同組合連合会ならびに水産加工業協同組合および水産加工業協同組

合連合会への貯金（保険業法施行規則211条の28第1号・2号）

④　信託業務を営む金融機関への金銭信託で元本補てんの契約があるもの（保険業法施行規則211条の28第3号）

　このように、少額短期保険業者の資産運用方法が保険会社の場合（保険業法97条2項、保険業法施行規則47条）と比べてより限定されている理由としては、少額短期保険業者については事業規模や取扱商品が限定されており保険会社のように大規模な資産を保有することが想定されないこと、事業規模が小さい場合には特にその財務の健全性を確保する必要があること等があげられる。

　なお、上記規制は、資産の運用の方法を規制したものであり、少額短期保険業を行ううえで必要となる営業用資産（たとえば、事業を行うための事務所としての不動産など）を保有することは認められる。また、営業用資産と同視できる、少額短期保険業に従属する業務を行う子会社の株式を保有することも認められる[6]。

エ　子会社の業務範囲等

㋐　少額短期保険子会社対象会社

　少額短期保険業者は、以下の業務を専ら[7]行う会社のみを子会社（「少額短期保険子会社対象会社」という）とすることができる（保険業法272条の14第1項、保険業法施行規則211条の34第1項）。

①　他の事業者の役員または職員のための福利厚生に関する事務を行う業務

②　他の事業者の事務の用に供する物品の購入または管理を行う業務

③　他の事業者の事務に係る文書、証票その他の書類の印刷または製本を行う業務

④　他の事業者の業務に関する広告または宣伝を行う業務

⑤　他の事業者の業務に関し必要となる調査または情報の提供を行う業務

6　保井俊之編著『保険業法Q&A　少額短期保険業のポイント』（保険毎日新聞社、2006年）125頁。

7　「「専ら」というのは、「100％それのみであること」を表しており、「その会社は当該業務以外は行わない」ことを意味します」とされる（保井俊之編著『保険業法Q&A　少額短期保険業のポイント』（保険毎日新聞社、2006年）127頁）。

⑥　他の事業者の業務に係る契約の締結についての勧誘、当該契約の内容に係る説明を行う葉書もしくは封書の作成または発送を行う業務

⑦　他の事業者の事務に係る計算を行う業務

⑧　他の事業者の事務に係る文書、証票その他の書類の作成、整理、保管、発送または配送を行う業務

⑨　他の事業者と当該他の事業者の顧客との間の事務の取次を行う業務

⑩　他の事業者のために電子計算機に関する事務を行う業務（電子計算機を使用することにより機能するシステムの設計もしくは保守またはプログラムの設計、作成、販売（プログラムの販売に伴い必要となる附属機器の販売を含む）もしくは保守を行う業務を含む）

⑪　他の事業者の役員または職員に対する教育または研修を行う業務

⑫　他の事業者の現金、小切手、手形または有価証券の輸送を行う業務（⑬および⑭を除く）

⑬　他の事業者の主要な取引先に対する現金、小切手、手形または証書の集配を行う業務

⑭　他の事業者のために現金、小切手、手形もしくは有価証券を整理し、その金額もしくは枚数を確認し、または一時的にその保管を行う業務

⑮　少額短期保険業者または保険会社（外国保険業者を含む）の保険業に係る業務の代理（⑯を除く）または事務の代行

⑯　保険募集

⑰　保険事故その他の保険契約に係る事項の調査を行う業務

⑱　保険募集を行う者の教育を行う業務

⑲　事故その他の危険の発生の防止もしくは危険の発生に伴う損害の防止もしくは軽減を図るため、または危険の発生に伴う損害の規模等を評価するための調査、分析または助言を行う業務

⑳　健康、福祉または医療に関する調査、分析または助言を行う業務

㉑　主として少額短期保険持株会社、少額短期保険子会社対象会社もしくは保険募集人の業務または事業者の財務に関する電子計算機のプログラムの作成もしくは販売（プログラムの販売に伴い必要となる附属機器の販売を含

む）を行う業務および計算受託業務

㉒　保険契約者からの保険事故に関する報告の取次を行う業務または保険契約に関し相談に応ずる業務

㉓　金融その他経済に関する調査または研究を行う業務

㉔　主として少額短期保険持株会社または少額短期保険子会社対象会社の業務に関するデータまたは事業者の財務に関するデータの処理を行う業務およびこれらのデータの伝送役務を提供する業務

㉕　上記①〜㉔の業務に附帯する業務（当該業務を営む者が営むものに限る）

　上記①〜⑭の業務およびこれに附帯する上記㉕の業務を営む子会社（いわゆる従属業務子会社）については、各事業年度におけるそれぞれの業務について、当該少額短期保険業者およびその子会社からの収入の額の合計額が総収入の額の100分の50を下回ってはならず、かつ、当該少額短期保険業者からの収入がなければならないとされている（収入依存度規制。保険業法施行規則211条の34第2項）。

　なお、少額短期保険業者は、保険会社や少額短期保険業者を子会社とすることは認められていない。これは、小規模事業者である少額短期保険業者が他の保険会社や少額短期保険業者を子会社とすることで、実質的に少額短期保険業者の事業規模の制限の潜脱につながることを防ぐためである。

　(イ)　子会社化の承認

　少額短期保険業者が少額短期保険子会社対象会社を子会社としようとするときは、あらかじめ行政庁の承認を受けなければならない（保険業法272条の14第2項）。これは、少額短期保険業者は、基本的には資産運用の方法として株式保有が認められていないことから、対象会社の業務内容等をチェックする必要があるからである。

　少額短期保険業者が、上記承認を受けるためには、承認申請書に規則に定める書類を添付して、行政庁に提出しなければならない（保険業法施行規則211条の35第1項）。

　行政庁は、承認に際して、以下に掲げる基準に適合するかどうかについて審査する（保険業法施行規則211条の35第2項）。

① 申請をした少額短期保険業者の資本金の額が当該申請に係る少額短期保険子会社対象会社の議決権を取得し、または保有するに足りる十分な額であること。

② 申請した少額短期保険業者の最近における業務、財産および損益の状況が良好であること。

③ 申請した少額短期保険業者が少額短期保険子会社対象会社の業務の健全かつ適切な遂行を確保するための措置を講ずることができること。

④ 承認に係る少額短期保険子会社対象会社がその業務を的確かつ公正に遂行することができること。

オ　その他の業務規制

　(ア)　特定関係者との間で行う取引の規制（アームズ・レングス・ルール）

　少額短期保険業者は、その特定関係者（子会社、保険主要株主、保険持株会社、保険持株会社の子会社、その他の特殊の関係のある者）、および特定関係者の顧客との間で、特別な条件で資産の売買その他の取引等をすることが禁止されている（保険業法272条の13第2項、100条の3）。

　ただし、上記取引等をすることにつきやむをえない理由がある場合で、かつ、行政庁の承認を受けたときについては、例外的に許容されている（保険業法100条の3但書、保険業法施行規則54条）。

　(イ)　無限責任社員等となることの禁止

　少額短期保険業者は、持分会社の無限責任社員または業務を執行する社員となることができない（保険業法272条の13第2項、100条の4）。

⑷　経理に関する規制

ア　事業年度・業務報告書

　少額短期保険業者の事業年度は、4月1日から翌年3月31日とされている（保険業法272条の15）。

　少額短期保険業者は、事業年度ごとに、業務および財産の状況を記載した業務報告書を作成し、行政庁に提出しなければならない（保険業法272条の16第1項）。業務報告書は、事業報告書、附属明細書、株主総会に関する事項

等に関する書面、貸借対照表、損益計算書、キャッシュフロー計算書、株主資本等変動計算書、保険金等の支払能力の充実状況に関する書面に分けて、所定の様式（保険業法施行規則別紙様式第16号の17）により作成し、事業年度終了後4カ月以内に提出しなければならない（保険業法施行規則211条の36第1項）。

　さらに、資本金の額が3億円以上の少額短期保険業者は会計監査人の設置が必要となるが（保険業法272条の4第1項1号ロ、保険業法施行令38条の2。このような少額短期保険業者を特定少額短期保険業者という）、中間業務報告書も作成し、当該事業年度の9月30日終了後3カ月以内に提出しなければならない（保険業法272条の16第2項、保険業法施行規則211条の36第2項）。

　また、特定少額短期保険業者が子会社等（子法人等および関連法人等）を有する場合には、特定少額短期保険業者とその子会社等を連結した中間業務報告書（連結中間業務報告書）および業務報告書（連結業務報告書）を作成し、提出しなければならない（保険業法272条の16第3項、110条2項）。

イ　ディスクロージャー

　少額短期保険業者の自己規制を促し、その経営の健全性を確保するために、事業年度ごとに、業務および財産の状況に関する事項を記載した説明書類を作成し、公衆の縦覧に供さなければならない（保険業法272条の17、111条1項、保険業法施行規則211条の37第2項）。説明書類に記載すべき内容は、以下のとおりである（同法施行規則211条の37第1項）。

(1)　少額短期保険業者の概要および組織に関する事項（1号）

　①　経営の組織

　②　株式会社の場合は、持株数の多い順に10以上の株主の氏名・名称、持株数、発行済株式の総数に占める持株数の割合

　③　取締役および監査役（監査等委員会設置会社の場合は取締役、指名委員会等設置会社の場合は取締役および執行役）の氏名および役職名

　④　会計参与設置会社の場合は、会計参与の氏名

(2)　少額短期保険業者の主要な業務の内容（2号）

(3)　少額短期保険業者の主要な業務に関する事項（3号）

① 直近の事業年度における業務の概況

② 直近の3事業年度における主要な業務の状況を示す指標

  a 経常収益

  b 経常利益または経常損失

  c 当期純利益または当期純損失

  d 資本金の額および発行済株式の総数

  e 純資産額

  f 総資産額

  g 責任準備金残高

  h 有価証券残高

  i 保険金等の支払能力の充実の状況を示す比率（いわゆるソルベンシー・マージン比率）

  j 配当性向

  k 従業員数

  l 正味収入保険料の額

③ 直近の2事業年度における業務の状況を示す指標等として別表8に掲げる事項

④ 責任準備金の残高として別表9に掲げる事項

(4) 少額短期保険業者の運営に関する事項（4号）

① リスク管理の体制

② 法令遵守の体制

③ 少額短期保険業務に係る手続実施基本契約の相手方である指定少額短期保険業務紛争解決機関の商号または名称

(5) 少額短期保険業者の直近の2事業年度における財産の状況に関する次の事項（5号）

① 貸借対照表、損益計算書、キャッシュフロー計算書、株主資本等変動計算書

8　保険業法施行規則211条の37第1項3号ハ関係。

9　保険業法施行規則211条の37第1項3号ニ関係。

② 保険金等の支払能力の充実の状況

③ 有価証券および金銭の信託に関する取得価額または契約価額、時価および評価損益

④ 公衆の従覧に供する書類について会計監査人の監査を受けている場合はその旨

⑤ 少額短期保険業者が貸借対照表、損益計算書および株主資本等変動計算書について公認会計士または監査法人の監査証明を受けている場合にはその旨

⑥ 事業年度の末日において、当該少額短期保険業者が将来にわたって事業活動を継続するとの前提に重要な疑義を生じさせるような事象または状況その他当該少額短期保険業者の経営に重要な影響を及ぼす事象（以下この号において「重要事象等」という。）が存在する場合には、その旨およびその内容、当該重要事象等についての分析及び検討内容ならびに当該重要事象等を解消し、または改善するための対応策の具体的内容（6号）

また、特定少額短期保険業者が子会社等を有する場合には、上記事項を記載した説明書類のほか、その子会社等について連結した説明書類を作成し、公衆の縦覧に供さなければならない（保険業法272条の17、111条2項、保険業法施行規則211条の38第2項）。

説明書類は、事業年度経過後4カ月以内にその縦覧を開始し、説明書類ごとに、当該事業年度の翌事業年度に係るそれぞれの説明書類の縦覧を開始するまでの間、公衆の縦覧に供さなければならない（保険業法施行規則211条の39、59条の4第1項）。

ウ　経　　理

㋐　事業費の償却

一般の株式会社と異なり、保険事業は設立当初に相当な事業費を必要とするところ、これを一度に償却することは経理上大きな負担となるため、会社成立後の最初の5事業年度の事業費に係る金額等を貸借対照表の資産の部に計上することが認められている（保険業法272条の18、113条）。この場合、当

図表2－6　責任準備金の区分

種類	内容
普通責任準備金 （保険業法施行規則211条の46第1項1号）	以下の①または②のうちいずれか大きい金額 ①　未経過保険料：未経過期間（保険契約に定めた保険期間のうち、決算期において、いまだ経過していない期間をいう）に対応する責任に相当する金額として計算した金額 ②　当該事業年度における収入保険料の額から、当該事業年度に保険料を収入した保険契約のために支出した保険金、返戻金、支払備金および当該事業年度の事業費を控除した金額
異常危険準備金 （同項2号）	保険契約に基づく将来の債務を確実に履行するため、将来発生が見込まれる危険に備えて計算した金額
契約者配当準備金 （同項3号）	契約者配当準備金（同施行規則211条の42第1項）の額およびこれに準ずるもの

該計上資産は10年以内に償却しなければならない（同条）。

　(イ)　**契約者配当**

　少額短期保険業者である株式会社は、契約者配当を行う場合には、公正かつ衡平な分配をするための基準に従い行わなければならない（保険業法272条の18、114条）。具体的には、アセット・シェア方式、利源別配当方式などによらなければならない（保険業法施行規則211条の41）。

　(ウ)　**準備金の積立**

　A)　**責任準備金**

　少額短期保険業者は、毎決算期において、保険契約に基づく将来における債務の履行に備えるため、責任準備金を積み立てなければならない（保険業法272条の18、116条）。具体的には、図表2－6の区分に応じて定められた金額を積み立てる必要がある（保険業法施行規則211条の46第1項各号）。

　なお、再保険を付した場合は、その再保険を付した部分に相当する責任準備金を積み立てないことができるため（保険業法施行規則211条の52、71条1項）、責任準備金の積立による費用負担が大きい場合等は再保険を有効活用する必要がある。

図表2−7　支払備金の積立金額

種類	金額
保険契約に基づいて支払義務が発生した保険金等（当該支払義務に係る訴訟が係属しているものを含む）のうち、保険会社が毎決算期において、まだ支出として計上していないものがある場合（保険業法施行規則73条1項1号）	当該支払のために必要な金額（いわゆる未払金）
まだ支払事由の発生の報告を受けていないが保険契約に規定する支払事由がすでに発生したと認める保険金等がある場合（同項2号）	その支払のため必要なものとして金融庁長官が定める金額（平成18年金融庁告示第17号）（いわゆるIBNR備金）

図表2−8　支払準備金の積立基準率と積立限度率

資産区分	積立基準率	積立限度率
国債その他の有価証券	1,000分の2	1,000分の5
子会社株式	1,000分の1.5	1,000分の50

B)　支払備金

　少額短期保険業者は、毎決算期において、保険金、返戻金その他の給付金で、保険契約に基づいて支払義務が発生したものその他これに準ずるものがある場合で、保険金等の支出として計上していないものがあるときは、支払備金を積み立てなければならない（保険業法272条の18、117条1項）。具体的には、図表2−7の金額を積み立てなければならない（保険業法施行規則211条の52、73条1項各号）。

C)　価格変動準備金

　少額短期保険業者は、毎決算期において、その有する資産の価格の下落に伴い生じる損失に備えることを目的に、図表2−8の資産の区分ごとに、それぞれの帳簿価額に所定の積立基準率を乗じて計算した金額の合計額以上を価格変動準備金として積み立てなければならず、その金額は図表2−8の所定の積立限度率を乗じて計算した金額の合計額を限度とする（保険業法272条

の18、115条１項、保険業法施行規則211条の44)。

(エ) 保険計理人

少額短期保険業者は、取締役会において保険計理人を選任し、保険料の算出方法その他の保険数理に関する事項に関与させなければならない（保険業法272条の18、120条１項、保険業法施行規則211条の48)。このように保険計理人の関与が必須とされた趣旨は、少額短期保険業については、商品が短期かつ契約更新時等事後的な保険料の是正が容易であることから、監督当局が算出方法書の事前審査を行わないこととしており、その代替として、保険計理に関する専門知識を有する保険計理人の関与を義務づけることにある。

A) 関与事項

少額短期保険業者の保険計理人は、以下の事項に関与しなければならない（保険業法施行規則211条の48)。

① 保険料の算出方法

② 責任準備金の算出方法

③ 契約者配当の算出方法

④ 支払備金の算出

⑤ その他保険計理人がその職務を行うに際し必要な事項

B) 保険計理人に必要な要件

少額短期保険業者の保険計理人は、次のいずれかに該当する者でなければならない（保険業法272条の18、120条２項、保険業法施行規則211条の49)。

① 公益社団法人日本アクチュアリー会の正会員であり、かつ、保険数理に関する業務に３年以上従事した者

② 公益社団法人日本アクチュアリー会の準会員（資格試験のうち５科目以上に合格した者に限る）であり、かつ、保険数理に関する業務に５年以上従事した者

なお、保険会社と異なり、少額短期保険業者の場合、保険計理人は必ずしも少額短期保険業者の常勤の役職員である必要はなく、選任された保険計理人が、必要と認めるときに随時適切に関与できる体制にあればよい[10]。そのため、実務上は、少額短期保険業者は保険計理人を雇用するかわりに、外部

のコンサルティング会社等に所属する保険計理人と業務委託契約を締結する場合が多い。

C) 選任・退任の届出

保険計理人を選任したときおよび保険計理人が退任したときは、遅滞なく、その旨を行政庁に届け出なければならない（保険業法272条の18、120条3項）。

D) 職　　務

少額短期保険業者の保険計理人は、以下の業務を行わなければならない。

① 登録申請時および商品改定時における保険料および責任準備金の算出方法書の確認業務（保険業法272条の4第1項6号、272条の19第2項）

② 日常における保険数理に関する事項への関与（前述の「関与事項」）

③ 毎決算期における保険料の算出および責任準備金の積立に係る確認業務（保険業法272条の18、121条1項、保険業法施行規則211条の51）

---

3 保険商品（保険期間・保険金額）に関する規制

(1) 少額短期保険業として引き受けられる保険

少額短期保険業は、保険業のうち、保険期間が2年以内の政令で定める期間以内であって、保険金額が1,000万円を超えない範囲内において政令で定める金額以下の保険のみの引受けを行う事業をいう（保険業法2条17号）。

このように、少額短期保険業において引き受けられる保険の期間および範囲に制限が設けられているのは、少額短期保険業に対する規制・監督が保険会社よりも緩やかで、保険契約者の自己責任に委ねられる度合いが大きいことに照らし、保険契約者等保護の観点から、保険契約者が負担する少額短期

10　保井俊之編著『保険業法Q&A　少額短期保険業のポイント』（保険毎日新聞社、2006年）144頁。

保険業者の信用リスクを限定する必要があるからである。

ア　保険期間

　（ア）　**保険期間の制限**

　具体的には、少額短期保険業者として引き受けられる保険の保険期間は、原則として１年以内とし、損害保険（医療保険、傷害保険、海外旅行傷害保険などを除く）は２年以内とされている（保険業法２条17号、保険業法施行令１条の５、保険業法３条５項１号）。

　（イ）　**自動更新条項を規定する際の留意点**

　少額短期保険業者も、保険契約に自動更新条項（契約の有効期間が終了する際に、当事者において契約を終了する旨の特段の意思表示がない場合は、それまでと同一内容の契約が更新されることを定めた条項）を規定することが認められている。もっとも、無制限に自動更新を認めると、少額短期保険業者が引き受けられる保険期間を制限した趣旨が失われかねない。そこで、更新型の保険契約を募集する際には、更新後の保険契約について、保険料の計算の方法、保険金額等について見直す場合があることを記載した書面を交付して、その旨を説明しなければならない（保険業法施行規則211条の30第１号、227条の２第３項13号）。したがって、少額短期保険においては、完全な自動更新は認められず、また、たとえば「保険料は○歳まで変わらない」といった、保険料が長期間固定されているという内容の説明を行うことは許されない。

イ　保険金額

　（ア）　**保険種類ごとの限度額**

　少額短期保険業では、一の保険契約者に係る一の被保険者当りの保険金額についても限度額が設けられているが、定額給付の性格をもつ生命・医療保険と、実損てん補の意味合いをもつ損害保険では保険金額の限度額の意味が異なることや、少額短期保険業者の引き受けることとなるリスクの程度、少額短期保険制度の創設時の根拠法のない共済の取扱商品の現状等をふまえ、保険の種類、保険事故の発生原因により、図表２－９のとおり異なる限度額が設けられている（保険業法２条第17号、保険業法施行令１条の６）。

図表2－9　保険種類ごとの限度額

	保険の種類	保険の内容	保険金額の限度額
①	死亡保険 （⑤を除く）	人の死亡に関し、一定額の保険金を支払うことを約する保険のうち、⑤傷害死亡保険を除いたものをいう（保険業法施行令1条の6第1号）。	300万円
②	傷害疾病保険 （③および④を除く）	傷害または疾病に関し、一定額の保険金を支払うことまたはこれらによって生ずることのある当該人の損害をてん補することを約する保険のうち、③重度障害保険と④特定重度障害保険を除いたものをいう（同条2号）。	80万円
③	重度障害保険 （④を除く）	傷害、疾病等を原因とする人の重度の障害の状態(注)に関して、一定額の保険金を支払うことまたはこれらによって生ずることのある当該人の損害をてん補することを約する保険のうち、④特定重度障害保険を除いたものをいう（同条3号）。	300万円
④	特定重度障害保険	重度障害保険のうち、傷害を受けたことを原因とする人の重度の障害の状態に関する保険をいう（同条4号）。	600万円
⑤	傷害死亡保険	傷害を受けたことを直接の原因とする人の死亡に関し、一定額の保険金を支払うことまたはこれによって生ずることのある当該人の損害をてん補することを約する保険をいう（同条5号）。	300万円
	調整規定付傷害死亡保険	同一の被保険者について引き受ける保険に⑤傷害死亡保険のほか①死亡保険が含まれる場合に、⑤傷害死亡保険に係る保険金の支払等により、その額に相当する金額が①死亡保険の保険金額から減額されることとされているものをいう（同号）。	600万円
⑥	損害保険 （⑦を除く）	傷害・疾病に係る保険以外の、一定の偶然の事故によって生ずることのある損害をてん補することを約し、保険料を収受する保険をいい、⑦低発生率保険を除いたものをいう（同条6号、保険業法3条5項1号）。	1,000万円

	保険の種類	保険の内容	保険金額の限度額
⑦	低発生率保険	⑥損害保険のうち、個人の日常生活に伴う損害賠償責任を対象とする保険（自動車の運行に係るものを除く）をいう（保険業法施行令１条の６第７号、保険業法３条５項１号、保険業法施行規則１条の２の３の２）。	1,000万円

注：人の重度の障害の状態とは、①労働者災害補償保険法施行規則別表第一に定める第一級もしくは第二級に該当する障害の状態またはこれに相当すると認められる状態、②要介護認定等に係る介護認定審査会による審査および判定の基準等に関する省令１条１項４号または５号の状態に該当する状態のことをいう（保険業法施行規則１条の２の３）。

(イ) 解釈による保険金額の上限緩和

　実務上、複数の少額短期保険業者が、同一の保険契約を共同保険として引き受けることにより上記の限度額を増やすことが可能と解されている。たとえば、家財保険を販売する少額短期保険業者は、家財保険は図表２−９⑥の損害保険に該当することから1,000万円が保険金額の上限となるが、少額短期保険業者２社（通常、２社は同一グループに所属する会社）が共同保険として家財保険を引き受けることにより（各社の共同保険の引受割合は各々50％とする）、それぞれの限度額である1,000万円を足し合わせた2,000万円を保険金額とする家財保険を販売することが可能となる。たしかに、顧客にとっては2,000万円を保険金額とする商品であり、少額短期保険業者の保険金額の限度額を超えた商品のように思えるが、共同保険の引受保険会社は、引受割合に応じて、連帯することなく個別に保険契約上の責任を負うことから、1,000万円の保険責任を負っているにすぎず、各社として保険金額の限度額を超えていないと考えられることによる。

(ウ) 一の被保険者に係る保険金額の制限

　被保険者１人につき、図表２−９①から⑥までの保険の保険金額の合計額は1,000万円以内としなければならない（保険業法２条17号、保険業法施行令１条の６）。⑦の保険（低発生率保険）に関しては、かかる制限とは別に1,000万円まで引き受けることが可能である。

㈓ 一の保険契約者に係る保険金額の制限

　少額短期保険業者は、一の保険契約者について引き受ける保険の区分に応じた保険金額の合計額（以下「総保険金額」という）について、図表2－9①から⑦（⑤を除く）の保険の区分ごとに定める保険金額（限度額）に100を乗じた金額（以下「上限総保険金額」という）を上限（ただし、⑤傷害死亡保険については、調整規定付傷害死亡保険以外の保険は3億円、調整規定付傷害死亡保険は6億円から調整規定付傷害死亡保険以外の保険に係る保険金額の合計額を控除した額がそれぞれ上限となる）としなければならない（保険業法272条の13第1項、保険業法施行令38条の9第1項)[11]。このように、被保険者1人当たりの引受額の制限に加え、保険契約者1人当たりの引受額についても上限が設けられた趣旨は、少額短期保険業者が、1人の保険契約者の保険契約の内容を細分化すること等により、実質的に1人の保険契約者に高額な保険を提供することを防止するためである。

　それぞれの保険の種類に係る限度額は、図表2－10のとおりである。

㈔ 特定保険業者であった少額短期保険業者に関する経過措置

　2005年の保険業法改正に伴う激変緩和措置として、それまで特定保険業者[12]であった少額短期保険業者等（2005年当時共済事業を行っていた少額短期保険業者等）については、保険会社に再保険を付することを条件として、保険金額の上限が緩和されている（保険業法附則16条1項・2項、保険業法施行令附則3条）。なお、当該経過措置は2023年3月31日までの時限的措置であり、その後延長されるかどうかは現時点では不明である。

　上記経過措置が適用される場合の保険金額の上限額は、図表2－11のとおりである。

11　なお、契約当初、上限総保険金額の範囲内で、契約期間中にやむをえない理由により被保険者が追加され、総保険金額が上限総保険金額を超えることとなった場合については、例外的に、上限総保険金額を10%超過することができる（保険業法施行令38条の9第2項）。

12　特定保険業者とは、2005年の改正後の保険業法の適用を受ける保険の引受けを行う事業であるが、改正前の保険業法に定める保険業に該当しない事業を行っている者をいう。

図表2-10 保険の種類に係る限度額

	保険の種類	保険契約者1人当りの限度額
①	死亡保険 (傷害死亡保険は除く)	3億円
②	傷害疾病保険	8,000万円
③	重度障害保険	3億円
④	特定重度障害保険	6億円
⑤	傷害死亡保険	3億円
	調整規定付傷害死亡保険	6億円から調整規定付傷害死亡保険以外の保険に係る保険金額の合計額を控除した額
⑥	損害保険	10億円
⑦	低発生率保険	10億円

図表2-11 特定保険業者であった少額短期保険業者に関する経過措置が適用される場合の保険金額の上限額

	保険の種類	特定保険業者であった少額短期保険業者における上限額(2018年4月1日から2023年3月31日までの間)
①	死亡保険	600万円
②	傷害疾病保険	160万円
③	重度障害保険	600万円
④	特定重度障害保険	1,200万円
⑤	傷害死亡保険	600万円
	調整規定付傷害死亡保険	1,200万円
⑥	損害保険	2,000万円
⑦	低発生率保険	2,000万円

ウ　保険期間中の保険料の増額または保険金額の減額に関するルール

　少額短期保険業者は、普通保険約款に、「保険料の増額または保険金額の削減に関する事項」を定めなければならない（保険業法施行規則211条の5第4号）。このような規定は、保険会社においては認められないものであるが、保険会社のようなセーフティーネット（保険契約者保護機構）の仕組みがない少額短期保険業者については、破綻を未然に防止し、保険金削減払い等の対象となる保険契約の契約者以外の者にまで損失が及ぶことを防止するために、いったん約束した保険契約の内容を変更することができるようにしている。

　保険期間中の保険料の増額または保険金額の削減に関する規定は、保険契約者等にとって不利益条項となることから、恣意的に適用することは認められず、その適用場面は真に必要な場合にのみ行われるものでなければならない。たとえば、新規契約の保険料を引き上げることにより破綻を未然に防止できる場合にまで、保険料の増額または保険金額の減額が可能となっている条項は認められないものと考えられる[13]。

(2)　少額短期保険業として引き受けられない保険

　少額短期保険業では、積極的な資産運用や、高度な保険引受の管理態勢や為替リスクの管理態勢が想定されていないこと等から、保険契約者の保護に鑑み、以下の保険については引受けが禁じられている（保険業法2条17号、保険業法施行令1条の7）。

① 　人の生存に関し、一定額の保険金を支払うことを約する保険
② 　保険期間の満了後満期返戻金を支払うことを約する保険
③ 　保険業法118条1項により「特別勘定」を設けなければならない保険
④ 　再保険
⑤ 　保険料または保険金、返戻金その他の給付金の額が外国通貨で表示された保険

13　保井俊之編著『保険業法Q＆A　少額短期保険業のポイント』（保険毎日新聞社、2006年）102頁。

⑥　保険金の全部または一部を定期的に、または分割払いの方法により支払
う保険であって、その支払の期間が1年を超えるもの

(3)　生損保混合商品

　少額短期保険業では、保険会社と異なり、上記(1)および(2)に従った保険の
引受けを行う限りにおいて、生命保険と損害保険を兼営すること（生損保兼
営）が可能とされている。これは、保険会社において生損保兼営が禁止され
ている趣旨が（保険業法3条3項）、生命保険が抱える長期契約におけるリス
クと損害保険が抱える短期契約におけるリスクは異なるものであり、一方の
事業に係る保険契約者が他方の事業に係るリスクにさらされるのを避ける点
にあるところ、保険期間が短期の保険のみを引き受ける少額短期保険業にお
いては、かかる趣旨が妥当しないからである。

4 ｜ 保険商品の販売に関する規制

(1)　販売規制の必要性

　保険商品は、万一の場合に備えるという保険の特性から保険加入のニーズ
を直ちには感じていない者に対してもニーズを喚起して販売するものである
こと、および目にみえない商品であり、実際に保険金の請求手続をとること
によりはじめてその品質を知りうるものであること等の特徴があるため、そ
の募集に際しては、適切な説明等がなされることが重要である。そこで、保
険業法において、適切かつ公正な保険募集を確保するため、様々な販売に関
する規制が設けられている。

(2) 少額短期保険募集人の登録・届出

ア　保険募集の定義

　少額短期保険者のために保険募集を行う者（以下「少額短期保険募集人」という）は、行政庁への登録または届出が必要となる。ここで、保険募集とは、保険契約の締結の代理または媒介を行うことをいい（保険業法2条26項)[14]、具体的には、以下の行為が保険募集に該当する（少額短期保険業者向けの監督指針Ⅱ－3－3－1(1)①)。

ア　保険契約の締結の勧誘

イ　保険契約の締結の勧誘を目的とした保険商品の内容説明

ウ　保険契約の申込みの受領

エ　その他の保険契約の締結の代理または媒介

　「エ　その他の保険契約の締結の代理または媒介」に該当するか否かについては、一連の行為のなかで当該行為の位置づけをふまえたうえで、以下の(ア)(イ)の要件に照らして、総合的に判断される（少額短期保険業者向けの監督指針Ⅱ－3－3－1(1)②)。

(ア)　少額短期保険業者または少額短期保険募集人が行う募集行為と一体性・連続性を推測させる事情があること（少額短期保険業者等からの報酬を受け取る、少額短期保険業者等と資本関係等を有するなど）

(イ)　具体的な保険商品の推奨・説明を行うものであること

　なお、保険募集に該当しうる行為の具体例は、以下のとおりである（少額短期保険業者向けの監督指針Ⅱ－3－3－1(2)（注2）アおよびイ)。

ア　業として特定の少額短期保険業者の商品（群）のみを見込客に対して積極的に紹介して、少額短期保険業者または少額短期保険募集人などから報酬を得る行為

イ　比較サイト等の商品情報の提供を主たる目的としたサービスを提供する

14　保険契約の締結の「代理」とは、保険会社の名において保険会社のために保険契約の締結を行うことをいい、保険契約の締結の「媒介」とは、保険会社と保険契約者の保険契約締結に向けて仲介およびあっせんを行うことをいう。

者が、少額短期保険業者または少額短期保険募集人などから報酬を得て、具体的な保険商品の説明等を行う行為

イ　少額短期保険募集人の登録制度・届出制度

少額短期保険募集人は、その地位および取り扱う保険の種類に応じて、図表2−12のとおり、登録または届出を行う必要がある（保険業法275条1項3号、276条、302条、保険業法施行規則212条の3）。

なお、登録が不要なイおよびカの少額短期保険募集人のことを、「特定少額短期保険募集人」という（保険業法275条1項3号）。

(3)　少額短期保険募集人の登録・届出が不要な行為

ア　募集関連行為

契約見込客の発掘から契約成立に至るまでの広い意味での保険募集のプロセスのうち、保険募集に該当しない行為を募集関連行為といい、募集関連行為を行う者を募集関連行為従事者という（少額短期保険業者向けの監督指針Ⅱ−3−3−1(2)）。募集関連行為の具体例は、以下のとおりである。

・保険商品の推奨・説明を行わず契約見込客の情報を少額短期保険業者または少額短期保険募集人に提供するだけの行為
・比較サイト等の商品情報の提供を主たる目的としたサービスのうち少額短期保険業者または少額短期保険募集人からの情報を転載するにとどまる行為

図表2−12　少額短期保険募集人の登録・届出

取扱保険商品 \ 少額短期保険募集人の地位	生命保険	損害保険・傷害疾病保険
少額短期保険業者の役員・使用人	ア　登録	イ　登録・届出ともに不要
少額短期保険業者の委託を受けた者	ウ　登録	エ　登録
少額短期保険業者の委託を受けた者の役員・使用人	オ　登録	カ　届出

募集関連行為は保険募集には該当しないため、募集関連行為従事者は少額短期保険募集人の登録または届出は不要である。

ただし、少額短期保険業者または少額短期保険募集人は、募集関連行為従事者が不適切な行為を行わないよう、たとえば、以下の①ないし③について体制整備を行わなければならない（少額短期保険業者向けの監督指針Ⅱ－3－3－1⑵）。

① 募集関連行為従事者において、保険募集行為または特別利益の提供等の募集規制の潜脱につながる行為が行われていないか。

② 募集関連行為従事者が運営する比較サイト等の商品情報の提供を主たる目的としたサービスにおいて、誤った商品説明や特定商品の不適切な評価など、少額短期保険募集人が募集行為を行う際に顧客の正しい商品理解を妨げるおそれのある行為を行っていないか。

③ 募集関連行為従事者において、個人情報の第三者への提供に係る顧客同意の取得などの手続が個人情報の保護に関する法律等に基づき、適切に行われているか。また、募集関連行為従事者への支払手数料の設定について、慎重な対応を行っているか。

イ　保険募集・募集関連行為のいずれにも該当しない行為

以下の行為は、保険募集・募集関連行為のいずれにも該当しない（少額短期保険業者向けの監督指針Ⅱ－3－3－1⑵（注3））。

・少額短期保険業者または少額短期保険募集人の指示を受けて行う商品案内チラシの単なる配布

・コールセンターのオペレーターが行う、事務的な連絡の受付や事務手続等についての説明

・金融商品説明会における、一般的な保険商品の仕組み、活用法等についての説明

・少額短期保険業者または少額短期保険募集人の広告を掲載する行為

したがって、これらの行為のみを行う者については、少額短期保険募集人の登録または届出は不要である。

⑷　情報提供義務

ア　情報提供義務の意義

　顧客が、自らのニーズに合った保険商品を選ぶためには、顧客がその商品の内容について正確に理解することが必要であるが、その前提として、少額短期保険業者等により保険商品に関する適切な情報提供を行うことが重要となる。そこで、保険業法は、少額短期保険業者及び少額短期保険募集人に対して、保険契約の締結、保険募集または団体保険の加入の勧誘を行う際に、保険契約の内容その他保険契約者等に参考となるべき情報の提供を行うことを求めている（法294条）。

イ　情報提供の内容

　提供すべき情報としては、契約概要、注意喚起情報、およびその他保険契約者等に参考となるべき情報があり、それぞれの具体的な内容は、図表2－13のとおりである（少額短期保険業者向けの監督指針Ⅱ－3－3－2⑴②）。

ウ　情報提供の方法

　契約概要および注意喚起情報については、原則として、これらを記載した書面等を用いて、保険契約者または被保険者に対して説明をし、その書面等を交付することで情報提供を行う必要がある（保険業法施行規則227条の2第3項1号）。ただし、下記エのとおり、例外的に、書面等によらずに情報提供ができる場合（保険業法施行規則227条の2第3項3号）や、情報提供義務が適用除外となるためそもそも情報提供を行う必要がない場合（保険業法施行規則227条の2第8項）がある。

　他方で、その他保険契約者等に参考となるべき情報については、書面等による説明・交付以外の方法（口頭による説明等）で、情報提供を行うことができる。

エ　情報提供義務の適用除外（保険業法施行規則227条の2第3項3号・8項）

㈦　契約概要・注意喚起情報を記載した書面等によらずに情報提供できる場合

　商品内容が比較的単純で、一律の方法を強制すると過度な負担になると考

図表 2 −13　情報提供の内容

	具体的項目
ア 「契約概要」 （顧客が保険商品の内容を理解するために必要な情報）	・当該情報が「契約概要」であること。 ・商品の仕組み ・保障（補償）の内容 ・付加できる主な特約およびその概要 ・保険期間 ・引受条件（保険金額等） ・保険料に関する事項 ・保険料払込みに関する事項（保険料払込方法、保険料払込期間） ・配当金に関する事項（配当金の有無、配当方法、配当額の決定方法） ・解約返戻金等の有無およびそれらに関する事項
イ 「注意喚起情報」 （顧客に対して注意喚起すべき情報）	・当該情報が「注意喚起情報」であること。 ・クーリング・オフ（保険業法309条1項に規定する保険契約の申込みの撤回等） ・告知義務等の内容 ・責任開始期 ・支払事由に該当しない場合および免責事由等の保険金等を支払わない場合のうち主なもの。 ・保険料の払込猶予期間、契約の失効等 ・保険契約者保護機構の行う資金援助等の措置がないことおよび保険業法270条の3第2項1号に規定する補償対象契約に該当しないこと（保険業法施行規則227条の2第3項14号） ・手続実施基本契約の相手方となる指定ADR機関（保険業法2条28項に規定する「指定紛争解決機関」をいう。以下同じ）の商号または名称（指定ADR機関が存在しない場合には、苦情処理措置および紛争解決措置の内容） ・補償重複（複数の損害保険契約の締結により、同一の被保険利益について同種の補償が複数存在している状態）に関する以下の事項 　・補償内容が同種の保険契約が他にある場合は、補償重複となることがあること 　・補償重複の場合の保険金の支払に係る注意喚起 　・補償重複の主な事例 ・特に法令等で注意喚起することとされている事項

	具体的項目
	たとえば、自動更新タイプの保険契約について、更新時には保険料の計算方法、保険金額等について見直す場合があること（保険業法施行規則227条の2第3項13号）等があげられる。
ウ　その他保険契約者等に参考となるべき情報	・主要な附帯サービス（ロードサービスなど） ・直接支払サービス（保険業法施行規則53条の12の2）

えられる以下の保険契約については、法で決められた方法によらずに説明することが認められている（保険業法施行規則227条の2第3項3号）

① 事業性保険など契約内容の個別性・特殊性が高い場合

② 保険料の負担が少額（年間5,000円）の場合

③ 団体保険契約において、保険契約者である団体に対して行う情報提供

④ 既存契約の一部変更の場合（変更部分についてのみ）

(イ) 被保険者に対する情報提供が不要となる場合

保険契約者と被保険者が異なる契約において、被保険者に対する情報提供の必要性が乏しいと考えられる場合は、そもそも被保険者に対する情報提供は不要とされている（保険業法施行規則227条の2第8項）（図表2-14）。

オ　情報提供義務に係る体制整備

少額短期保険業者および少額短期保険募集人において、「契約概要」および「注意喚起情報」を記載した書面の交付またはこれに代替する電磁的方法による提供を行うための体制整備を講じる必要がある（少額短期保険業者向けの監督指針Ⅱ-3-3-2(2)）。

具体的には、上記書面（上記書面に記載すべき事項を記録した電磁的記録を含む）において、顧客に対して、少額短期保険業者における苦情・相談の受付先を明示するなどの措置を講じる必要がある。

図表2−14　被保険者に対する情報提供が不要となる場合

	規定	主な事例
①	被保険者の保険料負担が零である保険契約を取り扱う場合（保険業法施行規則227条の2第8項1号イ）	世帯主が家族のために付保する傷害保険（世帯主が保険料を負担するケース）
②	保険期間が1カ月以内であり、かつ、被保険者が負担する保険料の額が1,000円以下である保険契約を取り扱う場合（同号ロ）	レクリエーション保険
③	被保険者に対するイベント・サービス等に付随して引き受けられる保険に係る保険契約を取り扱う場合（加入について被保険者の意思決定を要さず、かつ、主たるイベント・サービス等の提供と関連性を有する保険契約である場合に限る。同号ハ）	お祭りの主催者が参加者に付保する傷害保険
④	公的年金制度等の加入者が被保険者となる保険契約を取り扱う場合（同号ニ）	年金制度等を運営する団体を保険契約者とし、その年金制度等の加入者を被保険者とする保険契約
⑤	団体内で適切な情報提供が期待できる場合（保険業法の適用除外団体、団体（契約者）と構成員（被保険者）との間に「一定の密接性」がある場合（保険業法施行規則227条の2第2項各号））	

(5)　意向把握・確認義務

ア　意向把握・確認義務の意義

　顧客が、自らのニーズにあった保険商品を選ぶためには、少額短期保険業者等において顧客が抱えるリスクやこれをふまえた保険のニーズを正確に把握したうえで、当該ニーズに沿った保険商品を提案することが重要になる。そこで、保険業法上、少額短期保険業者または少額短期保険募集人は、保険を募集する際における顧客の意向を把握し、これに沿った保険契約の締結等

の提案、当該保険契約の内容の説明および保険契約の締結等に際して、顧客の意向と当該保険契約の内容が合致していることを顧客が確認する機会を提供する必要がある（保険業法294条の２）。

イ　意向把握・確認の方法

　顧客が、自らの抱えるリスクやそれをふまえた意向に保険契約の内容が対応しているかどうかを判断したうえで保険契約を締結することを確保するために、取り扱う商品や募集形態をふまえて、創意工夫による方法で意向把握、意向確認を行う必要がある（少額短期保険業者向けの監督指針Ⅱ－３－３－２(3)①）。具体的な手法が監督指針に規定されており、それらをまとめたものが図表２－15である。なお、図表２－15のアの「意向把握型」とは、たとえば、保険募集代理店に来店した顧客に対して行う意向把握を、イの「意向推定型」とは、たとえば、少額短期保険業者の営業職員が顧客を訪問し、ニーズの掘り起こしから行うような場合が想定されている。

ウ　意向把握・確認の対象

　たとえば、以下の顧客の意向に関する情報を把握・確認をする必要がある（少額短期保険業者向けの監督指針Ⅱ－３－３－２(3)②）。

①　顧客がどのような分野の保障・補償を望んでいるか

　　（死亡保険、医療保険、家財保険、ペット保険等）

②　顧客が求める主な保障・補償内容

③　保険料、保険金額に関する範囲の希望

エ　意向把握・確認義務の適用除外

　以下の場合は、意向把握・確認義務が不要とされている（保険業法施行規則227条の６）。

①　情報提供義務が不要とされている保険契約である場合（保険業法施行規則227条の６第１号、227条の２第８項各号：前述４(4)エ(イ)）。

②　他の法律により加入が義務づけられている保険である場合（保険業法施行規則227条の６第２号）

③　勤労者財産形成促進法６条に規定する保険契約を取り扱う場合（保険業法施行規則227条の６第３号）

図表2−15 「意向把握・確認義務の流れ」について（保険業法294条の2関係）

		意向把握	提案・説明	最終的な意向と当初（事前）意向の比較（「ふりかえり」）	意向確認
ア	意向把握型	アンケート等により顧客の意向を事前に把握したうえで	当該以降に沿った個別プランを作成し、顧客の意向との関係性をわかりやすく説明する。	その後、最終的な顧客の意向において、その意向と、保険会社または保険募集人が当初把握した主な顧客の意向との比較を記載したうえで、両者が相違している場合には、その対応箇所や相違点およびその相違が生じた経緯について、わかりやすく説明する。	契約締結前の段階において、顧客の最終的な意向と契約の申込みを行おうとする保険契約の内容が合致しているかどうかを確認（＝「意向確認」）する。
イ	意向推定型	性別や年齢等の顧客属性や生活環境等に基づき顧客の意向を推定したうえで	保険金額や保険料を含めた個別プランの作成・提案を行うつど、設計書等の顧客に交付する書類の目立つ場所に、保険会社または保険募集人が推定（把握）した顧客の意向と個別プランの関係性をわかりやすく記載のうえ説明する。	その後、最終的な顧客の意向が確定した段階において、その意向と、保険会社または保険募集人が事前に把握した主な顧客の意向との比較を記載したうえで、両者が相違している場合には、その対応箇所や相違点およびその相違が生じた経緯について、わかりやすく説明する。	契約締結前の段階において、顧客の最終的な意向と契約の申込みを行おうとする保険契約の内容が合致しているかどうかを確認（＝「意向確認」）する。
ウ	損保型	自動車や不動産購入等に伴う補償を望む顧客に対し、主な意向・情報を把握したうえで	個別プランの作成・提案を行い、主な意向と個別プランの比較を記載するとともに、保険会社または保険募集人が把握した顧客の意向と個別プランの関係性をわかりやすく説明する。	（商品特性・募集形態上、必ずしも求められるものではない）	その後、契約締結前の段階において、当該意向と契約の申込みを行おうとする保険契約の内容が合致しているかどうかを確認（＝「意向確認」）する。
エ		上記ア〜ウの場合においては、1年間に支払う保険料の額（保険期間が1年未満であって保険期間の更新をすることができる保険契約にあっては、1年間当りの額に換算した額）が5,000円以下である保険契約における意向把握について、商品内容・特性に応じて適切に行うものとする。			（意向確認が必要）
オ		事業者の事業活動に伴って生ずる損害をてん補する保険契約については、顧客の保険に係る知識の程度や商品特性に応じて適切な意向把握および意向確認を行うものとする。			

出典：金融庁保険課「改正保険業法を踏まえた監督指針の見直しについて」（平成27年6月より筆者作成）。

オ　意向把握・確認義務に係る体制整備

　少額短期保険業者および少額短期保険募集人においては、意向把握・意向確認のプロセス等を社内規則等で定めるとともに、所属する少額短期保険募集人に対して適切な教育・管理・指導を実施するほか、以下のような体制を整備する必要がある（少額短期保険業者向けの監督指針Ⅱ－3－3－2⑶④）。

(ア)　意向把握に係る体制整備

　適切な方法により、保険募集のプロセスに応じて、意向把握に用いた帳票等（アンケートや設計書等）であって、顧客の最終的な意向と比較した顧客の意向に係るものおよび最終的な意向に係るものを保存するなどの、意向把握に係る業務の適切な遂行を確認できる措置を講じる必要がある。

(イ)　意向確認に係る体制整備

　契約の申込みを行おうとする保険商品が顧客の意向に合致した内容であることを顧客が確認する機会を確保し、顧客が保険商品を適切に選択・購入することを可能とするため、適切な遂行を確認できる措置を講じる必要がある。

⑹　保険募集に関する禁止行為

　保険契約者等の保護の観点から、保険契約の締結、保険募集または団体保険の加入勧奨に際しての、主な禁止行為は以下のとおりである（保険業法300条1項各号等）。

① 　虚偽の内容を告げる行為、または重要事項の不告知の禁止（保険業法300条1項1号）

　　保険商品は一般に理解がむずかしいことから、保険募集等の際に、顧客に対しては正確な説明を行う必要がある。そのため、保険契約者または被保険者に対して、事実と異なることを告げる行為、および保険契約者または被保険者の判断に影響を及ぼすこととなる重要な事項について告知しないことは、禁止されている。

② 　虚偽の告知を勧める行為、告知を妨げまたは告げないことを勧める行為の禁止（保険業法300条1項2号・3号）

保険契約者または被保険者に、虚偽の告知を勧める行為や、重要な事実の告知を妨げ、または告げないことを勧める行為が禁止されている。具体例としては、ア傷害保険の募集にあたり、虚偽の職業・職種を告知するよう勧める行為、イ顧客に既往歴があるなか、告知書に少額短期保険募集人自らが「既往歴がない」と記入し、顧客の告知書への記入を妨げる行為、ウ保険金請求歴があるにもかかわらず、これを告知しないことを勧める行為などがあげられる。

③ 不利益事実を説明しない乗換募集の禁止（保険業法300条1項4号）

保険契約者または被保険者に対して不利益となるべき事実を告げずに、すでに成立している保険契約を消滅させて、新たな保険契約の申込みをさせる行為、または新たな保険契約の申込みをさせてすでに成立している保険契約を消滅させる行為は、これにより、保険契約者にとって保険料の上昇等の支障が生じる可能性があるため、禁止されている。

④ 特別利益の提供の禁止（保険業法300条1項5号）

保険契約者または被保険者に対して、保険料の割引や割戻しその他特別利益の提供を約束、または提供する行為は、保険契約者の平等取扱いという保険の理念に反し、保険契約者間の公平性を害する等の観点から禁止されている。

各種のサービスや物品を提供する場合に、これが「特別利益の提供」に該当するかどうかについては、具体的に以下の点に照らして判断される（少額短期保険業者向けの監督指針Ⅱ-3-3-2(7)①）。

ア 当該サービス等の経済的価値および内容が、社会相当性を超えるものとなっていないか。

イ 当該サービス等が、換金性の程度と使途の範囲等に照らして、実質的に保険料の割引・割戻しに該当するものとなっていないか。

ウ 当該サービス等の提供が、保険契約者間の公平性を著しく阻害するものとなっていないか。

なお、近時、上記判断基準の当てはめについて、金融庁の考え方をまとめたのが図表2-16である。

図表 2 −16 「特別利益の提供」への該当性

	資金決済に関する法律 3 条 1 項（前払式支払手段(注)）に該当	資金決済に関する法律 3 条 1 項（前払式支払手段(注)）に非該当
現金・電子マネー（含む交換可能）	電子マネー ※なお、現金は、前払式支払手段ではないが保険料の割引・割戻しそのものである。	現金や電子マネーに交換（チャージ）できるもの ※（現金・電子マネーへの交換が可能な他のポイント等サービスに交換することで）間接的に交換機能を有しているものも特別利益の提供に該当する。
現金・電子マネー以外	前払式支払手段に該当するもの（資金決済に関する法律 3 条 1 項）	使途の範囲と社会相当性の双方の程度をふまえ判断 ※幅広い商品の購入・交換ができるポイントサービス・金券類等は「使途の範囲」が広いと認められるので「特別利益」に該当。 （例：大型ショッピングモール内で利用可能なポイント、大型の量販店や通販サイト内で利用可能なポイント、幅広い商品と交換できるカタログギフト 等）

注：資金決済に関する法律 4 条（適用除外）に定める前払式支払手段を除く。
出典：生命保険協会「保険募集人の体制整備に関するガイドライン」33頁（令和 3 年 3 月10日版）

⑤ 誤解されるおそれのある比較表示の禁止（保険業法300条 1 項 6 号）

　保険契約者もしくは被保険者または不特定の者に対し、他の保険商品との比較で、有利な部分だけを取り上げて説明したり、都合のよい部分のみの資料を提示するなどの誤解させるおそれのあるものを告げたり表示する行為は、保険契約者等の商品選択の際に悪影響を及ぼす可能性があるため、禁止されている。

⑥ 誤解を招く予想配当表示の禁止（保険業法300条 1 項 7 号）

　保険契約者もしくは被保険者または不特定の者に対して、不確定要素の

ある配当数値などを説明する際に、将来間違いなく支払われるかのような説明や資料の作成・提示をする行為は、禁止されている。

⑦ 威迫、業務上の地位等の不当利用の禁止（保険業法300条1項9号、保険業法施行規則234条1項2号）

保険契約者または被保険者を威迫したり、業務上の優位な地位を利用したりするなど、保険契約者等の契約意思を妨げるような状態において保険契約の締結や解約を行わせる行為は、禁止されている。

⑧ 誤解を招く保険会社等の信用、支払能力等の表示の禁止（保険業法300条1項9号、保険業法施行規則234条1項4号）

保険契約者もしくは被保険者または不特定の者に対して、保険会社等の信用や支払能力など、保険契約者等の判断に影響を及ぼすような重要な事項について、誤解させるおそれのあることを告げたり表示したりする行為は、禁止されている。

⑨ 保険の種類または保険会社等の商号・名称を誤解させるおそれのある行為の禁止（保険業法300条1項9号、保険業法施行規則234条1項5号）

共同保険契約や保険商品の提携販売等、一保険契約者が複数の保険業者との間で、一または複数の保険契約を同時に締結（契約の更改および更新を含む）する場合などにおいて、保険契約者が保険の種類や引受保険会社等について、誤解されるおそれのあることを告げる行為は、禁止されている。

5 組織再編に関する規制

保険業法では、少額短期保険業者の組織再編の方法として、①合併、②会社分割、③保険契約の移転、④事業の譲渡または譲受けが用意されている。また、組織再編とは異なるが、経営状態が悪化した少額短期保険業者のために、⑤業務および財産の管理の委託が設けられている。

図表2−17　少額短期保険業者の合併パターン

	当事者A	当事者B	存続会社または設立会社(注)
①	少額短期保険業者	少額短期保険業者	少額短期保険業者
②	少額短期保険業者	少額短期保険業者	保険会社
③	少額短期保険業者	保険会社	保険会社

注：合併は、吸収合併と新設合併に分類される。吸収合併の場合は、消滅する会社の権利
　　義務の全部を合併後存続する会社（存続会社）が承継する（会社法2条27号）。新設
　　合併の場合は、合併により消滅する会社の権利義務の全部を合併により設立する会社
　　（設立会社）が承継する（同条28号）。

(1)　合　　併

ア　概　　要

　少額短期保険業者は、他の保険会社または少額短期保険業者と合併することができる（保険業法159条1項）。想定される合併のパターンは図表2−17のとおりである。

　少額短期保険業者が他の少額短期保険業者と合併する場合でも、合併により少額短期保険業者の事業規模（50億円）を超える場合は保険会社になる必要がある（②）。この場合、少額短期保険業者としては、合併の認可とともに、保険業の免許も取得する必要がある。

　なお、少額短期保険業者と保険会社との合併の場合（③）については、存続会社または設立会社が保険会社でなければ、認可されない（保険業法167条3項）。これは、保険会社と少額短期保険業者とは、保険契約者保護機構などの契約者保護の枠組みが異なっており、保険会社の保険契約者が少額短期保険業者の保険契約者に変わることは契約者保護上問題があるからである。また、少額短期保険業者のなかには生損保兼営している場合があるが、その場合は保険会社との合併は認められない。

イ　合併手続

　少額短期保険業者における合併手続は、基本的には会社法における合併手続と同様であるが、合併の効力発生に行政庁による認可（保険業法167条）が

必要とされる等、保険契約者保護のための手続が追加されている。

　たとえば、吸収合併において必要となる手続は図表2－18のとおりである。

ウ　合併の認可

　少額短期保険業者の合併は、行政庁の認可を受けなければ、その効力を生じない（保険業法167条1項）。認可基準は次のとおりである（同条2項）。

①　合併が、保険契約者等の保護に照らして、適当なものであること。

②　保険会社による認可の申請にあっては、合併が、保険会社相互の適正な競争関係を阻害するおそれのないものであること。

③　合併後存続する少額短期保険業者または合併により設立する少額短期保険業者が、合併後に、その業務を的確、公正かつ効率的に遂行する見込みが確実であること。

　②の認可基準は少額短期保険業者のみを当事者とする合併の場合は適用されない。その理由は、少額短期保険業者のような登録事業者については、業者相互の適切な競争関係を確保する必要性が免許業者と比較して低いと考えられるからである。

　また、保険会社と少額短期保険業者との合併については、存続会社または新設会社が保険会社でなければ認可されない（保険業法167条3項）。

(2)　会社分割

ア　概　　要

　少額短期保険業者は、会社分割を利用することができる。会社分割には、吸収分割と新設分割がある。吸収分割とは、株式会社がその事業に関して有する権利義務の全部または一部を分割後他の会社に承継させることをいう（会社法2条29号）。これに対して、新設分割とは、一または二以上の株式会社がその事業に関して有する権利義務の全部または一部を分割により設立する会社に承継させることをいう（同条30号）。ここに分割する会社を「分割会社」、分割によって権利義務を承継する会社を「承継会社」という。

　想定される会社分割のパターンは図表2－19のとおりである。

図表 2 －18　吸収合併の手続

	消滅会社	存続会社
①	合併契約の締結（保険業法159条、会社法749条）	
②	合併契約に関する書面等の備置きおよび閲覧等（保険業法165条の2）	同左（保険業法165条の9）
③	合併の効力発生の前日までに、合併契約における株主総会の承認（特別決議）（保険業法165条の3）	同左（保険業法165条の10）。ただし、簡易合併の場合は、株主総会における決議は不要である（保険業法165条の11第1項）。
④	合併の効力発生日の20日前までに、株主および登録株式質権者ならびにその新株予約権者および登録新株予約権質権者に対し通知または公告（保険業法165条の4第1項・2項）	なし
⑤	合併の効力発生日の20日前までに、株主に対し通知または公告（保険業法165条の4第1項・2項）	同左（保険業法165条の12）
⑥	反対株主による株式買取請求（保険業法165条の5）	同左（保険業法165条の12）
⑦	合併の効力発生日の20日前までに、新株予約権者に対し通知または公告（保険業法165条の4第1項・2項）	なし
⑧	反対新株予約権者による新株予約権買取請求（保険業法165条の6）	なし
⑨	株券および新株予約権証券提出手続（保険業法165条の4第3項）	なし
⑩	債権者異議の手続（保険業法165条の7）	同左（保険業法165条の12）
⑪	行政庁による合併の認可→合併の効力発生（保険業法167条）	
⑫	合併の効力発生日から2週間以内の合併の登記（保険業法169条の5）	
⑬	合併の効力発生日から6カ月間、合併に関する書面等の備置きおよび閲覧等（保険業法165条の13）	

図表 2 −19　会社分割のパターン

	分割会社	承継会社
①	少額短期保険業者	少額短期保険業者
②	少額短期保険業者	保険会社

　なお、保険会社を分割会社、少額短期保険業者を承継会社とする会社分割は認められない（保険業法173条の 6 第 3 項）。これは、合併の場合と同様、保険会社の保険契約者が少額短期保険業者の保険契約者に変わることは契約者保護上問題があるからである。

イ　会社分割の手続

　少額短期保険業者における会社分割手続は、基本的には会社法における会社分割手続と同様であるが、会社分割の効力発生に行政庁による認可（保険業法167条）が必要とされる等、保険契約者等保護のための手続が追加されている（同法173条の 2 〜173条の 8 ）。

ウ　会社分割の認可

　少額短期保険業者の会社分割は、行政庁の認可を受けなければ、その効力を生じない（保険業法173条の 6 第 1 項）。認可基準は次のとおりである（同条 2 項）。

①　会社分割が、保険契約者等の保護に照らして、適当なものであること。

②　保険会社による認可の申請にあっては、当該分割が、保険会社相互の適正な競争関係を阻害するおそれのないものであること。

③　認可の申請をした少額短期保険業者が、分割後に、その業務を的確、公正かつ効率的に遂行する見込みが確実であること。

　なお、合併の場合と同様に、②の認可基準は少額短期保険業者のみの会社分割の場合には適用されない。

　また、行政庁は、上記認可基準に基づく審査をするときは、次に掲げる事項に配慮するものとされている（保険業法施行規則105条の 6 の 2 ）。

ア　会社分割により保険契約を承継させる目的および分割対象契約の選定基準が保険契約者等の保護に欠けるおそれのないものであること。

イ　会社分割後において、分割会社を保険者とする保険契約および承継会社を保険者とする保険契約に係る責任準備金が保険数理に基づき合理的かつ妥当な方法により積み立てられることが見込まれること。

ウ　会社分割後において、承継会社の契約者配当準備金が適正に積み立てられることが見込まれること。

エ　会社分割後において、分割会社および承継会社の保険金等の支払能力の充実の状況が保険数理に基づき適当であると見込まれること。

(3)　保険契約の移転

ア　概　　要

　少額短期保険業者は、保険契約の全部または一部を、他の保険会社（外国保険会社等を含む）および少額短期保険業者に移転することができる（保険業法272条の29、135条1項）。膨大な数の保険契約者から個別の同意を得て契約関係を移転することはむずかしいため、保険業法において、財務局の認可を前提として、個々の保険契約者の同意を要件とせずに保険契約を移転できる特別な手続を設けたものである。想定される保険契約の移転のパターンは図表2-20のとおりである。

　少額短期保険業者が保険契約を少額短期保険業者に移転するパターン（①）においては、移転先の少額短期保険業者において、保険金額の制限および保険種類ごとの保険金額の限度額を超える保険契約者または被保険者に係る保険契約については移転することができない点に留意する必要がある（保険業法施行規則211条の64第2項10号参照）。

　なお、保険会社は少額短期保険業者に保険契約を移転することはできない。これは、少額短期保険業者から保険会社への契約移転はより厳格な契約

図表2-20　保険契約の移転パターン

	移転会社	移転先会社
①	少額短期保険業者	少額短期保険業者
②	少額短期保険業者	保険会社

者保護の枠組み（保険契約者保護機構等）が整備された引受け先への移転であり、契約者保護上支障が生じるものではないが、少額短期保険業者から保険会社への契約移転は、契約者保護の枠組みがなくなるため、契約者保護上問題があるからである。

保険契約の移転の際、財産の移転もあわせて行われる（保険業法272条の29、135条3項）。その際、移転会社は、移転対象契約者以外の債権者の利益を保護するために必要と認められる財産を留保しなければならない。

イ　移転対象となる保険契約

保険契約を移転しようとする少額短期保険業者は、保険契約の移転を受けようとする保険会社または少額短期保険業者との間で契約（移転契約）を締結し、移転契約のなかに、移転される保険契約および財産を定める（保険業法272条の29、135条1項・3項）。

ただし、保険契約の移転の公告のときに、①すでに保険事故が発生している保険契約（当該保険事故に係る保険金の支払により消滅することになるもの）および②すでに保険期間が終了している保険契約（保険契約の終了の事由が発生しているものを含む）は移転対象契約から除かれる（保険業法272条の29、135条2項、保険業法施行令15条）。

なお、移転契約において、移転対象契約について、契約条項の軽微な変更で保険契約者の不利益とならないものを定めることができる（保険業法272条の39、135条4項）。

ウ　契約移転に関する手続

①　保険契約の移転に係る株主総会の決議

移転会社および移転先会社において、株主総会の決議を行う必要がある（保険業法272条の29、136条1項）。この決議は特別決議（議決権の過半数を有する株主が出席し、その議決権の4分の3以上の多数決が必要な決議）によらなければならない（同法272条の29第2項）。また、株主総会の招集通知には、移転契約の要旨を示さなければならない（同条3項）。

②　保険契約の移転に係る書類の備置き等

移転会社の取締役は、株主総会の会日の2週間前から異議申立期間の最終

日まで、①移転会社と移転先会社との間の契約書（移転契約書）、②移転会社と移転先会社の貸借対照表、を各営業所または各事務所に備え置かなければならない（保険業法272条の29、136条の2第1項、保険業法施行規則88条の2）。

　移転会社の株主または保険契約者は、その営業時間または事業時間内に限り、これらの書類の閲覧を求め、または移転会社の定める費用を支払ってその謄本もしくは抄本の交付を求めることができる（保険業法272条の29、136条の2第2項）。

③　保険契約の移転の公告および通知

　移転会社は、①の株主総会の決議をした日から2週間以内に、移転契約の要旨、移転会社と移転先会社の貸借対照表、移転対象契約者で異議がある者は一定の期間内に異議を述べる旨等を公告するとともに、移転対象契約者にこれらの事項を通知しなければならない（保険業法272条の29、137条1項、保険業法施行規則88条の3）。ここでいう異議を述べる一定の期間（異議申立期間）は、1カ月を下ってはならない（保険業法272条の29、137条2項）。

　異議申立期間内に異議を述べた移転対象契約者の数が移転対象契約者の総数の10分の1（保険契約の全部の移転の場合は、5分の1）を超え、かつ、異議を述べた移転対象契約者の保険契約に係る債権の額が移転対象契約者の債権の額の10分の1（保険契約の全部の移転の場合は、5分の1）を超えるときは、保険契約の移転をしてはならない（保険業法272条の29、137条3項）。上記割合を超えなければ、移転対象契約者全員が自らの保険契約の移転を承認したものとみなされる（同法272条の29、137条4項）。

　なお、保険契約の全部ではなく一部を移転しようとする移転会社は、異議申立期間内に異議を述べた移転対象契約者の数および債権の額が10分の1を超えず、財務局から保険契約の移転について認可を受けた場合において、異議を述べ、かつ、保険契約が移転することとなる場合は解約する旨を申し入れた移転対象契約者に対し、保険契約の移転の前日までに、被保険者のために積み立てた金額、未経過期間に対応する保険料および払込積立金として積み立てた金額を払い戻さなければならない（保険業法272条の29、137条5項、保険業法施行規則89条の2）。

④　移転手続中の保険契約の申込みの取扱い

　移転会社は、①の株主総会の決議後から保険契約の移転日または移転しないこととなった時までの間に、新たに保険契約を締結するときは、当該保険契約を締結する者に対し、上記③の公告事項を通知し、保険契約が移転する場合には、移転先会社の保険契約者となることについてその承諾を得なければならない（保険業法272条の29、138条1項）。ここで承諾を得た者は、ハの通知および異議申立手続の対象から除外される（同条2項）。

⑤　保険契約の移転の認可

　保険契約の移転は、行政庁の認可を受けなければ、その効力を生じない（保険業法272条の29、139条1項）。認可基準は、以下のとおりである（同法272条の29、139条2項）。

ア　当該保険契約の移転が、保険契約者等の保護に照らして、適当なものであること。

イ　移転先会社が、当該保険契約の移転を受けた後に、その業務を的確、公正かつ効率的に遂行する見込みが確実であること。

ウ　移転対象契約者以外の移転会社の債権者の利益を不当に害するおそれがないものであること。

　また、行政庁は、上記認可基準に基づく審査をするときは、次に掲げる事項に配慮するものとされている（保険業法施行規則90条の2）。

㋐　保険契約の移転の目的および移転対象契約の選定基準が保険契約者等の保護に欠けるおそれのないものであること。

㋑　保険契約の移転後において、移転会社を保険者とする保険契約および移転先会社を保険者とする保険契約に係る責任準備金が保険数理に基づき合理的かつ妥当な方法により積み立てられることが見込まれること。

㋒　保険契約の移転後において、移転先会社の契約者配当準備金が適正に積み立てられることが見込まれること。

㋓　保険契約の移転後において、移転会社および移転先会社の保険金等の支払能力の充実の状況が保険数理に基づき適当であると見込まれること。

㈭　移転会社が、移転対象契約者に対して剰余金の分配をする場合には、当該分配が適正に行われるものであること。

　なお、移転先会社が少額短期保険業者の場合は、認可申請書に「移転対象契約および移転先会社を保険者とする保険契約について、同一の保険契約者または被保険者がある場合には、当該保険契約者または被保険者ごとのすべての保険契約の保険金額の合計額およびすべての保険種類の区分に応じた保険金額の合計額を記した書面」（保険業法施行規則211条の64第2項10号）の添付が求められる。これは、少額短期保険業者には、一の保険契約者および被保険者に係る保険金額の制限および保険種類ごとの保険金額の限度額が定められているため、保険契約の移転の結果として、これらの制限を超えることがないことを確認するためである。

　⑥　保険契約の移転後の公告および通知

　移転会社は、保険契約の移転後、遅滞なく、①保険契約の移転をしたこと、②移転の公告および通知ならびに保険契約者の異議申立手続の経過、③移転先会社の商号、名称または氏名、主たる事務所等を公告しなければならない（保険業法272条の29、140条1項、保険業法施行規則91条）。

　また、移転先会社も、保険契約の移転後3カ月以内に、当該保険契約の移転に係る保険契約者に対し、保険契約の移転を受けたことを通知しなければならない。なお、移転に際して、保険契約の契約条項の軽微な変更を行った場合は変更の内容も通知しなければならない（保険業法272条の29、140条2項）。

⑷　事業の譲渡または譲受け

　少額短期保険業者を全部または一部の当事者とする事業の譲渡または譲受けは、有価証券の保護預りのみに係る事業を除き、行政庁の認可を受けなければ、その効力を生じない（保険業法272条の30第1項、142条）。

　想定される譲渡パターンは図表2–21のとおりである。

図表 2 −21　想定される譲渡パターン

	譲渡人	譲受人
①	保険会社	少額短期保険業者
②	少額短期保険業者	保険会社
③	少額短期保険業者	少額短期保険業者
④	少額短期保険業者	保険会社・少額短期保険業者以外の者
⑤	保険会社・少額短期保険業者以外の者	少額短期保険業者

⑸　業務および財産の管理の委託

　少額短期保険業者は、法律に定めるところに従い、他の保険会社または少額短期保険業者に、その業務および財産の管理を委託することができる（保険業法272条の30第2項、144条1項）。ここでいう「業務および財産の管理の委託」とは、事業の全部の経営の委任の意味である。少額短期保険業は登録制であるため、第三者に経営の委任を認めるのは適切ではないが、会社の業績が悪化した場合、特別に本条による委託管理が認められている。なお、管理委託は、行政庁の認可を受けなければ、その効力を生じない（同法272条の30第2項、145条1項）。

6　少額短期保険業者に対する監督

⑴　商品審査

ア　審査対象書類

　少額短期保険業者の保険商品の内容は、事業方法書および普通保険約款に

記載されており、保険料および責任準備金の算出方法は、保険料および責任準備金の算出方法書（以下「算出方法書」という）に記載されている。

(ア) 事業方法書

事業方法書とは、少額短期保険業者がその事業運営を行うにあたって従うべき準則を示したものをいう。記載事項および記載内容等は図表2−22のとおりである（保険業法施行規則211条の4、少額短期保険業者向けの監督指針別紙様式Ⅱ−5）。

(イ) 普通保険約款

普通保険約款とは、取引の大量的、技術的処理を安全迅速に行うため、保険契約に共通な事項をあらかじめ定めた定型的な約款をいう。記載事項は図表2−23のとおりである（保険業法施行規則211条の5）。なお、少額短期保険業者には、保険会社の普通保険約款には記載されることが許されない、「保険料の増額または保険金の削減に関する事項」を記載しなければならない点に留意する必要がある。

(ウ) 算出方法書

算出方法書は、少額短期保険業者が保険契約に基づき保険契約者から収受する保険料の算出の方法を定めた部分と、少額短期保険業者が保険契約に基づく将来の債務の履行に備えて積み立てなければならない責任準備金の算出の方法を定めた部分から構成されている。記載事項は図表2−24のとおりである（保険業法施行規則211条の6）。

イ　審査方法および審査基準

(ア) 事前届出

少額短期保険業者は、新商品を販売する、または既存の商品内容等の変更を行う場合は、事業方法書、普通保険約款または算出方法書（これら3つの書類を総称して「事業方法書等」という）を変更しなければならない。事業方法書等を変更するためには、事前に行政庁に事業方法書等の変更に関する届出を行う必要がある（保険業法272条の19第1項）。

(イ) 審査基準

事業方法書および普通保険約款の審査基準は以下のとおりである（保険業

図表 2 −22　事業方法書の記載事項

事業方法書の記載事項	記載内容等
被保険者または保険の目的の範囲および保険の種類の区分	【被保険者の範囲】 居住地・年齢の範囲等について記載する 【保険の目的の範囲】 保険の目的について記載する 【保険の種類の区分】 保険商品を保険種類別に記載し、各保険種類別に、保険業法施行令1条の6各号の該当条項および引受限度額を記載する
被保険者または保険の目的の選択および保険契約の締結の手続に関する事項	【危険選択の基準・手段】 危険選択の方法およびその基準 更新時における危険選択の取扱い 【契約の締結の手続】 保険契約の申込みに関する事項 引受けの可否の決定に関する事項 保険金額および保険料の決定に関する事項 保険証券の発行・交付に関する事項 被保険者の同意 申込みの承諾通知 保険契約の失効・復活 保険契約の更新
被保険者または保険の目的の選択および保険契約の締結の手続に関する事項	【保険料の収受】 保険料の払込方法 (時期・回数・経路・猶予期間・免除) 保険料収納時の領収書交付等 【保険金の支払】 保険金の支払方法 (時期・回数・経路・支出先・場所・請求手続) 【保険料の払戻し、その他の返戻金の支払】 払戻事由、払戻場所、クーリング・オフ
保険証券、保険契約の申込書およびこれらに添付すべき書類に記載する事項	【保険証券の記載事項】 保険証券に記載する項目 【保険契約申込書および添付すべき書類の記載事項】 保険契約申込書に記載する項目 告知書、明記物件の届出書に記載する項目
保険契約の特約に関する事項	【特約】 付加対象保険種類（対象となる主契約） 特約の保険期間、保険料払込方法 その他特約の内容について記載

図表2－23　普通保険約款の記載事項

一　保険金の支払事由
二　保険契約の無効原因
三　保険者としての保険契約に基づく義務を免れるべき事由
四　保険料の増額または保険金の削減に関する事項
五　保険者としての義務の範囲を定める方法および履行の時期
六　保険契約者または被保険者が保険約款に基づく義務の不履行のために受けるべき不利益
七　保険契約の全部または一部の解除の原因ならびに当該解除の場合における当事者の有する権利および義務
八　契約者配当を受ける権利を有する者がいる場合においては、その権利の範囲
九　保険契約を更新する場合においての保険料その他の契約内容の見直しに関する事項

図表2－24　算山方法書の記載事項

一　保険料の計算の方法（その計算の基礎となる係数を要する場合においては、その係数を含む）に関する事項
二　責任準備金（保険業法272条の18において準用する116条1項の責任準備金をいう）の計算の方法（その計算の基礎となる係数を要する場合においては、その係数を含む）に関する事項
三　保険契約が解約された場合に払い戻される返戻金の計算の方法およびその基礎に関する事項
四　保険業法64条1項の契約者配当準備金および契約者配当の計算の方法に関する事項
五　純保険料に関する事項
六　その他保険数理に関して必要な事項

法272条の4第1項5号）。なお、短期・少額・掛捨てといった少額短期保険商品の特性に鑑みて、少額短期保険業者の事業方法書および普通保険約款の審査基準は、保険会社に比して、簡素化されている。

【審査基準】

イ　保険契約の内容が、保険契約者等の保護に欠けるおそれのないものであること。

ロ　保険契約の内容に関し、特定の者に対して不当な差別的取扱いをするも

のでないこと。

ハ　保険契約の内容が、公の秩序または善良の風俗を害する行為を助長し、または誘発するおそれのないものであること。

ニ　保険契約の内容が、当該株式会社等の支払能力に照らし、過大な危険の引受けを行うものでないこと。

ホ　保険契約者等の権利義務その他保険契約の内容が、保険契約者等にとって明確かつ平易に定められたものであること。

　これらに加え、監督指針に事業方法書および普通保険約款の審査事項に関する留意点が記載されている（少額短期保険業者向けの監督指針Ⅳ－1、Ⅳ－2）。

　行政庁は、事業方法書または普通保険約款の変更に関する届出受理の翌日から起算して60日以内[15]に、届出内容が審査基準に適合しているか審査し、審査基準に適合しないと認めるときは、届出事項の変更命令または撤回命令を行う（保険業法272条の20第4項）。このように審査が必要な届出という意味で審査権付届出と呼ばれる。

　これに対して、算出方法書の変更については、保険数理について専門的知識を有する者である保険計理人が、算出方法書に定められた算出方法が、保険数理に基づき合理的かつ妥当であることについて確認した結果を記載した意見書を提出することで、行政庁として事前審査は行わない仕組みとされており（保険業法272条の19第2項、保険業法施行規則211条の54）、この点は保険会社の場合と異なる。したがって、算出方法書の変更に関する届出については、届出受理の翌日に有効となる（保険業法272条の20第1項）。

　もっとも、行政庁は、算出方法書が保険数理に基づき合理的かつ妥当と認められないときは、事後的に変更を命ずることができる（保険業法272条の24第1項）。

15　保険会社の場合は、原則として90日以内である（保険業法125条）。

⑵ 報告または資料の提出と立入検査

　行政庁は、少額短期保険業者の業務の健全かつ適切な運営を確保し、保険契約者等の保護を図るために必要があると認めるときは、少額短期保険業者に対し、その業務または財産の状況に関し報告または資料の提出を求めることができる（保険業法272条の22第1項）。また、特に必要があると認めるときは、その必要な限度において、少額短期保険業者の子法人等にも、同様に報告等を求めることができる（同条2項）。

　また、行政庁は、少額短期保険業者の業務の健全かつ適切な運営を確保し、保険契約者等の保護を図るために必要があると認めるときは、少額短期保険業者の営業所等に立入検査することができる（保険業法272条の23第1項）。また、特に必要があると認めるときは、その必要な限度において、少額短期保険業者の子法人等にも立入検査できる（同条2項）。

⑶ 行政処分

　行政庁は、少額短期保険業者に対し、次の処分を行うことができる。

ア 事業方法書等の変更命令

　行政庁は、算出方法書について、①保険料の算出方法が、保険金等割合（毎決算期において、その事業年度に保険契約に基づいて支払義務が発生した保険金その他の給付金を、当該保険契約により収受した保険料で除して得た割合をいう）その他の収支の状況に照らして、保険数理に基づき合理的かつ妥当なものであると認められないとき、②責任準備金の算出方法が、保険数理に基づき合理的かつ妥当なものであると認められないとき、算出方法書の記載事項の変更を命ずることができる（保険業法272条の24第1項）

　さらに、行政庁は、上記の場合のほか、少額短期保険業者の業務もしくは財産の状況に照らして、または事情の変更により、少額短期保険業者の業務の健全かつ適切な運営を確保し、保険契約者等の保護を図るため必要があると認めるときは、事業方法書等の記載事項の変更を命ずることができる（保険業法272条の24第2項）。

イ　業務改善命令等・早期是正措置

㋐　業務改善命令等

　行政庁は、少額短期保険業者の業務もしくは財産または少額短期保険業者およびその子会社等の財産の状況に照らして、当該少額短期保険業者の業務の健全かつ適切な運営を確保し、保険契約者等の保護を図るため必要があると認めるときは、当該少額短期保険業者に対し、措置を講ずべき事項および期限を示して、経営の健全性を確保するための改善計画の提出を求め、または提出された改善計画の変更を命じ、その他監督上必要な措置を命ずることができる（保険業法272条の25第1項）。

　本条文は、保険会社に対する業務改善命令等を定めた保険業法132条に対応する条文であるが、同条に規定されている業務停止命令が規定されていない。これは、少額短期保険業者は登録制であり免許制である保険会社に対する行政裁量よりも、行政裁量は限定的であるべきとの考え方から、業務停止命令といった少額短期保険業者に重大な不利益を与える処分については、明確に定めた処分事由が必要と考えられたためである。したがって、行政庁が業務停止命令を行うのは、本条ではなく、保険業法272条の26第1項に規定された取消事由に該当する場合に限られる。

㋑　早期是正措置

　行政庁は、少額短期保険業者の経営の健全性を確保するため、保険金等の支払能力の充実の状況を示す比率（以下「ソルベンシー・マージン比率」という）が一定の水準を下回った場合に、あらかじめ定めた是正命令を発動することができる（保険業法272条の25第2項）。具体的な内容は、図表2－25のとおりである（同法272条の25第2項に規定する区分等を定める命令2条1項）。

　ソルベンシー・マージン比率の計算方法の概要は以下の算式のとおりである（平成18年金融庁告示第14号1条）。

$$\text{ソルベンシー・マージン比率（％）} = \frac{\text{マージンの総額}}{\text{リスクの合計額} \times 1/2} \times 100$$

図表 2 −25　早期是正措置の具体的内容

保険金等の支払能力の 充実の状況に係る区分		命令
非対象区分	保険金等の支払能力の 充実の状況を示す比率 200％以上	
第1区分	保険金等の支払能力の 充実の状況を示す比率 100％以上200％未満	経営の健全性を確保するための合理的と認められる 改善計画の提出の求めおよびその実行の命令
第2区分	保険金等の支払能力の 充実の状況を示す比率 100％未満	次の各号に掲げる保険金等の支払能力の充実に資す る措置に係る命令 1　保険金等の支払能力の充実に係る合理的と認め られる計画の提出およびその実行 2　配当の禁止またはその額の抑制 3　契約者配当または社員に対する余剰金の分配の 禁止またはその額の抑制 4　新規に締結しようとする保険契約に係る保険料 の計算の方法（その計算の基礎となる係数を要す る場合においては、その係数を含む）の変更 5　役員賞与の禁止またはその額の抑制その他の事 業費の抑制 6　一部の方法による資産の運用の禁止またはその 額の抑制 7　一部の営業所または事務所における業務の縮小 8　本店または主たる事務所を除く一部の営業所ま たは事務所の廃止 9　子会社等の業務の縮小 10　子会社等の株式または持分の処分 11　保険業法272条の11第1項の規定により行う少 額短期保険業に付随する業務、同条2項但書の規 定により行う金融庁長官、財務局長または福岡財 務支局長（以下「金融庁長官等」という）の承認 を受けた業務の縮小または新規の取扱いの禁止 12　その他金融庁長官等が必要と認める措置

マージンの総額は、純資産の部合計、価格変動準備金、異常危険準備金、一般貸倒引当金、その他有価証券の評価差益×99％、土地の含み益×85％、将来利益、税効果相当額、負債性資本調達手段等の金額の合計額である（保険業法施行規則211条の59第2項、平成18年金融庁告示第14号2条）。

　これに対して、リスクの合計額は、一般保険リスク相当額（R_1）、資産運用リスク相当額（R_2）、経営管理リスク相当額（R_3）および巨大災害リスク相当額（R_4）を基礎として、以下の算式により計算した額である（保険業法施行規則211条の60、平成18年金融庁告示第14号4条）。

$$リスクの合計額 = \sqrt{(R_1)^2 + (R_2)^2} + R_3 + R_4$$

(ウ)　早期警戒制度

　早期是正措置の対象とはならない少額短期保険業者であっても（ソルベンシー・マージン比率が200％以上）、その健全性の維持およびいっそうの向上を図るために、行政庁は、行政上の予防的・総合的な措置を講じることができる（少額短期保険業者向けの監督指針II－2－3）。このような措置を早期警戒措置という。具体的には、以下の措置をいう。

　　①　収益性改善措置（少額短期保険業者向けの監督指針II－2－3－2(1)）

　基本的な収益指標やその見通しを基準として、収益性の改善が必要と認められる少額短期保険業者に関しては、原因および改善策等について、深度あるヒアリングを行い、必要な場合には報告徴求（保険業法272条の22）を通じて、着実な改善を促す措置。

　　②　資金繰り改善措置

　　　（少額短期保険業者向けの監督指針II－2－3－2(2)）

　契約動向や資産の保有状況等を基準として、流動性リスクの管理態勢について改善が必要と認められる少額短期保険業者に関しては、契約動向や資産の保有状況等について、頻度の高い報告を求めるとともに、原因および改善策等について、深度あるヒアリングを行い、必要な場合に報告徴求（保険業法272条の22）を通じて、着実な改善を促す措置。

③　業務改善命令（少額短期保険業者向けの監督指針Ⅱ－2－3－2(3)）

　①および②の措置に関し、改善計画を確実に実行させる必要があると認められる場合には、保険業法272条の25に基づき業務改善命令を発出する。

ウ　業務停止命令・登録の取消（保険業法272条の26第1項、272条の27）

　行政庁は、少額短期保険業者が以下のいずれかに該当することとなったときは、期限を付して当該少額短期保険業者の業務の全部もしくは一部の停止を命じ、または登録を取り消すことができる。

---

① 　登録拒否要件のうち所定のもの（保険業法272条の4第1号から4号・7号・8号または11号）に該当したとき。

② 　不正の手段により登録を受けたとき。

③ 　小規模事業者でなくなったとき、その他法令の規定に違反したとき。

④ 　法令に基づく内閣総理大臣の処分または定款、事業方法書、普通保険約款、算出方法書に定めた事項のうち特に重要なものに違反したとき。

⑤ 　公益を害する行為をしたとき。

　さらに、行政庁は、少額短期保険業者の財産の状況が著しく悪化し、少額短期保険業を継続することが保険契約者等の保護の見地から適当でないと認めるときは、登録を取り消すことができる（保険業法272条の27）。

エ　役員の解任命令（保険業法272条の26第2項）

　行政庁は、少額短期保険業者の取締役、執行役、会計参与または監査役が保険業法272条の4第1項10号イからヘ（欠格事由）までのいずれかに該当することとなったとき、法令の規定に違反する行為をしたとき、または上記④または⑤に該当する行為をしたときは、少額短期保険業者に対し当該取締役、執行役、会計参与または監査役の解任を命ずることができる。

⑷ 不祥事件届出

少額短期保険業者は、少額短期保険業者、その子会社または業務の委託先において不祥事件（業務の委託先にあっては、少額短期保険業者が委託する業務に係るものに限る）が発生したことを知った場合、行政庁（財務（支）局）に不祥事件届出を行わなければならない（保険業法施行規則211条の55第1項14号）。この届出は、不祥事件の発生を少額短期保険業者が知った日から30日以内に行わなければならない（同条5項）。不祥事件届出の届出事由は、以下のとおりである（同条4項各号）。

一　少額短期保険業者の業務を遂行するに際しての詐欺、横領、背任その他の犯罪行為

二　出資の受入れ、預り金および金利等の取締りに関する法律に違反する行為

三　保険業法294条1項（情報の提供）、294条の2（顧客の意向の把握等）もしくは300条1項（保険契約の締結等に関する禁止行為）、300条の2において準用する金融商品取引法38条3号から6号までもしくは9号もしくは39条1項の規定もしくは保険業法施行規則234条の21の2第1項の規定（情報の提供）に違反する行為または保険業法307条1項3号（「この法律……に違反したとき、その他保険募集に関し著しく不適当な行為」）に該当する行為

四　現金、手形、小切手または有価証券その他有価物の紛失のうち、少額短期保険業者の業務の特性、規模その他の事情を勘案し、当該業務の管理上重大な紛失と認められるもの

五　その他少額短期保険業者の業務の健全かつ適切な運営に支障をきたす行為またはそのおそれのある行為であって前各号に掲げる行為に準ずるもの

⑸　少額短期保険業者の届出事項

　少額短期保険業者が行政庁へ届け出なければならない事項は図表2－26のとおりである。

　これらの届出に加えて、少額短期保険業者は、その登録事項に変更があったときは、その日から2週間以内に、行政庁へ届け出なければならない（保険業法272条の7第1項）。

　登録事項は図表2－27のとおりである。

図表2－26　少額短期保険業者の届出事項（保険業法272条の21）

根拠条文		届出事項
1号		少額短期保険業を開始したとき
2号		少額短期保険業者の子会社が子会社でなくなったとき
3号		資本金の額を増額しようとするとき
4号		定款の変更をしたとき
5号		その総株主の議決権の100分の5を超える議決権が一の株主により取得または保有されることとなったとき
6号	保険業法施行規則211条の5第1項1号	少額短期保険業者である株式会社が新株予約権または新株予約権付社債を発行しようとする場合
	同項2号～2号の4	役員等、および会計参与を選任しようとする場合、または退任しようとする場合。ただし、これらの者の選退任の前に届出をすることができないことについて、やむをえない事情がある場合には事後届出で足りる。
	同項3号	少額短期保険業者を子会社とする者に変更があった場合
	同項4号	その子会社が名称もしくは主な業務の内容を変更し、合併し、解散し、または業務の全部を廃止することとなった場合（保険業法272条の22の場合を除く）
	同項4号の2	その子会社が本店の所在地を変更した場合

根拠条文	届出事項
同項5号	特殊関係者を新たに有することとなった場合 （注）　特殊関係者とは、少額短期保険業者の子法人等および関連法人等をいう（施行規則21条の36第3項各号）。
同項6号	その特殊関係者が特殊関係者でなくなった場合
同項7号	少額短期保険業者の特殊関係者がその業務の内容を変更することとなった場合
同項8号	異常危険準備金について金融庁長官が定める積立に関する基準によらない積立を行おうとする場合または取崩しを行おうとする場合
同項9号	責任準備金の額の計算をするに際し金融庁長官等に届け出なければならない場合として金融庁長官が定める場合（平成18年金融庁告示第16号参照）
同項10号	劣後特約付金銭消費貸借による借入れをしようとする場合または劣後特約付社債を発行しようとする場合
同項11号	劣後特約付金銭消費貸借について期限前弁済をしようとする場合または劣後特約付社債について期限前償還をしようとする場合（期限のないものについて弁済または償還をしようとする場合を含む）
同項13号	株主総会または取締役会の決議により自己の株式を取得しようとする場合
同項14号	少額短期保険業者、その子会社または業務の委託先において不祥事件（業務の委託先にあっては、当該少額短期保険業者が委託する業務に係るものに限る）が発生したことを知った場合 （注）　前述の不祥事件届出
同項15号	保険募集の再委託の認可に係る認可申請書に添付すべき書類（行規則213条の6の3第2項各号に掲げる書類）に定めた事項を変更しようとする場合

図表 2 −27　変更届出が必要となる登録事項（保険業法272条の2第1項）

根拠条文	登録変更が必要となる事項
1号	商号または名称
2号	資本金の額
3号	取締役および監査役（監査等委員会設置会社にあっては取締役、指名委員会等設置会社にあっては取締役および執行役）の氏名
4号	会計参与設置会社にあっては、会計参与の氏名または名称
5号	少額短期保険業以外の業務を行うときは、その業務の内容
6号	本店その他の事務所の所在地

第 **3** 章

少額短期保険ビジネスの
活用方法

少額短期保険市場では、保険会社からの参入はもちろん他業種からの参入もみられ、市場規模が拡大傾向にあることは、本書第1章で紹介したとおりである。なぜ保険会社／他業種問わず少額短期保険業へ参入するのだろうか。

　本章では、筆者が様々な少額短期保険業者と対話してみえてきた⑴新たなニーズへの対応、⑵イノベーションの実現、⑶既存事業／本業の補完・シナジー、⑷ナーチャリング、⑸人材育成の5点に分けて解説したい。

1 新たなニーズへの対応

　少額短期保険業へ参入する意義の1つとして、新たなニーズへの対応があげられる。昨今、われわれのライフスタイルや働き方、価値観等が多様化しており、消費者はより自らの趣味嗜好にあった商品・サービスを求めるようになってきている。さらに、モノを所有せず必要なときに必要な量だけを利用できるオンデマンドおよびシェアリングサービスの台頭や、組織に属さない働き方を選択するフリーランサーやギグワーカーと呼ばれる人々の増加等による新たなマーケットやニーズが創出されつつある。

　その他、2019年末より世界中で猛威を振るっている新型コロナウイルス感染症（COVID-19）の感染拡大による影響もあるだろう。オンラインの活用場面拡大や在宅勤務が中心となることによる住環境の見直し等、ライフスタイルや価値観の多様化がより加速している。

　こうした社会的な背景やマーケット構造の変化を受けて、ニーズが多種多様に分散し、それぞれのニーズを求める人数は限定的となる、いわゆるロングテールマーケット[1]が急拡大している。従来の保険会社が得意としているプロダクトアウト型[2]の商品では、同一のニーズを大勢が求めるマスマー

1　ロングテールマーケット：多品種少量のニッチな商品群を販売する市場のこと。

図表3－1　マーケット構造の変化

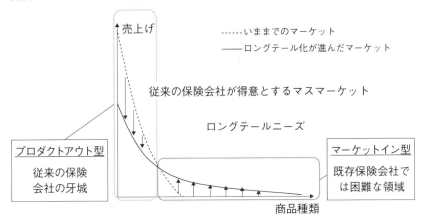

ケット3には効率的にリーチできていたものの、急拡大しているロングテールマーケットに適しているとは言いづらい。ロングテールニーズに対応するためには、細分化されたニーズにあわせ、短期間で開発・提供するマーケットイン型4の考え方が必要だろう（図表3－1参照）。

　保険会社の既存商品および販売チャネルを活用して、前述のような新たなニーズへの対応を行おうとすると、時間とコストがかかってしまうという課題がある。商品の改定・認可が必要となるだけでなく、リスクがみえにくい新たな分野への投資が必要となることから、実務的には社内での調整にも時間を要するだろう。また、既存システムが巨大であるがゆえに、タイムリーに商品を市場に投入するむずかしさも課題の1つとしてあげられる。

　その点、たとえば少額短期保険業であれば、ロングテールマーケット向けに少量多品種の商品・サービスを短期間で開発し、提供することが可能である。市場の反応をみながら、商品・サービス内容や提供方法の一部を見直

2　プロダクトアウト型：商品・サービス提供側の発想をベースに商品開発・生産・販売等を行うこと。
3　マスマーケット：大衆消費者向けの大量販売が可能な市場のこと。
4　マーケットイン型：市場や購買者という利用側の立場からニーズにあった商品・サービスを提供すること。

し、迅速にマイナーチェンジをすることも可能だろう。そうして、提供した商品やマーケットが有望であった場合、商品の拡充やサービス提供範囲を広げる等、スケールしていくことが可能となる。

　損害保険ジャパン株式会社の子会社である少額短期保険業者Mysurance（マイシュアランス）株式会社では、既存の代理店チャネルとは異なる、無料通話アプリを提供する会社や検索エンジン大手等のパートナーと連携することで、損害保険会社の既存商品とは異なる特徴をもった商品を市場に供給し

図表3－2　Mysurance株式会社における新たなニーズへの対応（近未来型商品へのチャレンジ）例

商品種別	概要
企業から無料で保険がもらえる「REWARDほけん」 ＊2022年4月現在、サービス提供は終了 	・対象企業の無料通話アプリLINEのアカウントを友達登録することで1日分の保険加入が可能 ・レジャーや外出の日程にあわせ、傷害保険やゴルファー向けの保険に加入することが可能
個人間で保険をプレゼントできる「贈るほけん　地震のおまもり」 ＊2022年4月現在、サービス提供は終了 	・LINEの運営する送金・決済サービス「LINE Pay」にて、保険を任意の相手に贈ることができる保険 ・震度6弱以上の地震が発生した場合に、1万円の保険金をLINE Payアカウントにて受け取ることが可能
Yahoo! トラベルでの宿泊予約と同時加入ができる「宿泊キャンセル保険」 	・「Yahoo! トラベル」のヤフープラン（国内宿泊）を予約する際に、同時に加入できる保険 ・予約をキャンセルした場合にかかるキャンセル料を補償する保険 ・急な入通院はもちろん、通院を伴わない風邪や天候不良等の思いがけない理由によるキャンセルも補償対象

ている。

　同社は2022年現在、スマートフォンの画面割れ、盗難等のトラブルを補償する「スマホ保険」および国内旅行のキャンセルを補償する「Travelキャンセル保険」等を提供しているが、2019年の参入当初より、近未来型商品へのチャレンジとして様々な商品・サービスを提供してきた[5][6]。無料通話アプリLINEを介して気軽に保険をプレゼントする「REWARDほけん」や「贈るほけん」、Yahoo! JAPANのサービスと連携したホテルの宿泊キャンセル保険等がその一例である（図表3－2参照）。

　これらは、保険を新たなマーケティングツールとして活用することや、他業種サービスとの融合を図る等、少額短期保険業参入時の新市場開拓に向けたマーケティングの代表的な事例だといえるだろう。

2　イノベーションの実現

(1)　イノベーションとは

　次に、イノベーション実現のための少額短期保険業の活用について触れる。

　少額短期保険は、後述の破壊的イノベーション（disruptive innovation）[7]を構築する「単純」「低価格」「低機能」という特徴を備えており、保険業界におけるイノベーションを実現する可能性を有していると考えられる。

　産業問わずイノベーションの重要性は高まっていることから、保険会社からの参入だけではなく、他業界からの参入時においても重要な意義をもつだ

5　Mysurance株式会社ウェブサイト。
6　Mysurance株式会社ではこれらの取組みを「近未来型商品へのチャレンジ」と位置づけている。
7　クレイトン・クリステンセン著／伊豆原弓訳『増補改訂版　イノベーションのジレンマ』（翔泳社、2001年）6頁ほか。

ろう。

　近年、あらゆる場面でイノベーションという言葉を聞くようになったが、そもそもイノベーションとは、何を指しているのだろうか。

　一般的にイノベーションとは、「何か新しいものを取り入れる、既存のものを変える」という広義の意味を有する。つまり、技術の革新に限定されるものではなく、新規もしくは既存の知識や資源、設備、技術等を結合し、従来にはなかった価値を生み出すことを指す言葉である[8]。

　経済学者シュムペーターは、イノベーションとは、知識や物、力等を従来とは異なる形式で結合する「新結合」だと示しており、以下の5つに分類している[9]（なお、当然これらの事例には革新的な技術が使われていることが多いのも事実だろうが、たとえば⑤のように新しい組織や働き方の実現もイノベーションの一例である点には留意したい）。

① 　まだ消費者に知られていない新しい商品・サービスの開発

② 　新たな生産方式の導入（科学的に新しい発見に基づく必要はなく、商品の新しい取扱い方法も含む）

③ 　新たな市場、新たな販売方法の開拓

④ 　従来にはなかった原料・半製品の供給源の獲得

⑤ 　新しい組織の実現

(2) 　イノベーションの重要性[10]

　近年、事業戦略を考えるうえで、イノベーションの重要性はいわれて久しい。

　注目される背景として、第一に経済成長を実現するためイノベーションによる業務効率化や新たな組織の構築による生産性の向上等が期待されてい

8 　一橋大学イノベーション研究センター編『イノベーション・マネジメント入門　第2版』（日本経済新聞出版、2017年）2頁。

9 　J.A.シュムペーター著／塩野谷祐一・中山伊知郎・東畑精一訳『経済発展の理論（上）』（岩波書店、1993年）182〜183頁。

10 　一橋大学イノベーション研究センター編『イノベーション・マネジメント入門　第2版』（日本経済新聞出版、2017年）5頁ほか。

る。

第二に、「生活・社会の変革」という面からも重要度は高い。PCやスマートフォン等の登場に代表されるように、イノベーションはわれわれの生活の質を根本的に変える力を有している。また、介護問題への対応や再生医療の進歩、気候変動に関する再生エネルギーの技術革新等、社会課題の解決にも一役買っているといえよう。

さらに、イノベーションは企業の成長／衰退をも左右しうる。企業の長期的成功の背景にはイノベーションがある一方、予期せぬイノベーションが起こればその成功が一瞬で消えてしまうこともあることから、イノベーションは産業の主役交代を頻繁に引き起こす要因にもなりうるだろう。

(3) 持続的イノベーションと破壊的イノベーション

イノベーションは、対象や速度、市場等によって分類されることが多い。本書では少額短期保険の特徴に沿うイノベーションが起こる市場に絞り、「持続的イノベーション」と「破壊的イノベーション」を紹介する。

持続的イノベーションとは、既存市場の顧客をメインターゲットとし、彼らが求める性能や機能を向上させるイノベーションを指す。一方、破壊的イノベーションは、既存顧客をメインターゲットとはせず、新規市場の顧客や既存市場のローエンド層の顧客をターゲットとし、性能や機能を必ずしも向上させないイノベーションを指す。なお、破壊的という名称がついているが、従来とまったく異なる新たな技術がもたらす革新的なイノベーションではない点には留意されたい。

企業が、持続的イノベーションとして商品・サービスの性能を向上させていく場合、当初はメインターゲットである既存顧客に受け入れられるが、そのうちに顧客が求める性能を商品・サービスの性能が追い越してしまう。

他方、破壊的変化を引き起こす商品・サービスの主要機能の性能は、既存商品・サービスより劣るものの、低価格かつ別の価値を提供することで、ローエンド顧客や新規顧客を獲得することができる。その後、徐々に主要機能の性能を向上させていくことにより、既存企業の顧客をも侵食し、既存企

業を脅かす存在となることで、破壊的イノベーションが起こる。

　つまり、破壊的イノベーションが起こりうる商品・サービスは、既存商品・サービスと比較して従来の価値基準における主要な性能は劣る、「単純」「低価格」「低機能」という特徴を有しているといえる。

⑷　破壊的イノベーションと少額短期保険業の特徴[11]

　破壊的イノベーションにおけるローエンド型の商品・サービスの特徴である「単純」「低価格」「低機能」をそれぞれ少額短期保険業に照らし合わせて考えてみたい（図表3-3）。

　単純：審査・告知プロセスの省略・簡素化を指す。たとえば、通常の保険商品と比較して簡単な告知書での加入を可能とすること等である。また、従来の保険会社の商品にみられるような、年齢や性別、健康状態等から個別に保険料・保険金を設定する「自由設計」ではなく、ある程度商品提供側で設計し、消費者が選択肢のなかからプランを選ぶ、「タイプ設計」を採用することによるプロセスの簡素化も当てはまろう。

　低価格：保険金額を限定的とすることで価格を抑えることはもちろん、代理店を介さず直接販売することも低価格とするための手法の１つである。営業職員や代理店を介すことで発生する付加価値を省略することで、全体的なコスト削減につながるだろう。

　低機能：設定する保険金額に上限を設け、少額の保障／補償とすること、あるいは、保障／補償内容・範囲を限定的とし、機能性を抑えた設計とすることを指す。

　たとえば死亡保険であれば、数千万円という高額な保障を提供する一般的な商品とは異なり、300万円まで等少額の保障を提供する商品設計のイメージである。保障期間については、終身保険のように超長期間にわたり保障を提供するのではなく、保障期間が１年以内と短期間に設定される。

　他方、無消費状態を解消するための商品・サービスの提供についても考え

11　クレイトン・クリステンセン著／伊豆原弓訳『増補改訂版　イノベーションのジレンマ』（翔泳社、2001年）304頁ほか。

図表3−3　破壊的イノベーションと少額短期保険の特徴

単純	・診査・告知プロセスの省略・簡素化 ・自由設計でなく、タイプ設計によるプロセス簡素化
低価格	・保険金額の限定 ・営業職員・代理店を介さない直接販売によるコスト削減
低機能	・上限のある保険金額、限定的な保障／補償内容 ・短期間の保障／補償

られる。無消費とは、文字どおり消費していない状態を表す。無消費である理由が既存商品・サービスの不便さであることだとすると、その不便さを解消する商品・サービスを開発すれば、新たな顧客を開拓することができる。

　少額短期保険における"無消費を解消する"とは、既存の保険会社が未開発の保険商品や特約を設ける商品・サービスを提供することだろう。代表的な例として、すでに市場拡大が続いているペット保険やイベントのキャンセル保険等があげられる。その他、従来はなかった新たな商品として、糖尿病患者やがん罹患者に特化した医療保険や出産時の正常分娩の入院を保障する商品等の特定疾患／疾病や特定の状態を対象とする保険商品も見受けられる。

(5)　サンドボックス制度の活用

　前述のようなイノベーションの創出や無消費型の新たな商品・サービスを実現するためには、従来にはないビジネスモデルの構築が必要となるが、その際に法規制等の各種制約が障碍となる場合がある。こうした課題に対応するため、日本を含む各国では当局の監督管理のもとで試験的な場を提供する「サンドボックス制度」[12]が運用されている。少額短期保険業者のなかにも、当該制度を活用して新たなビジネスモデルの創出に積極的に取り組んでいる

12　首相官邸成長戦略ポータルサイト、規制のサンドボックス制度。

企業がみられる。

ア　サンドボックス制度

　サンドボックス制度とは、新技術やビジネスモデルの社会実装に向け、規制官庁の認定を受けた実証を行い、実証により得られた情報やデータを用いて規制の見直し等につなげていく制度である。主に現行規制との関係で新たなビジネスモデルの実施が困難である場合に活用されている。具体的には、現行法律のあいまいさの解消および現行法律自体を変える必要があるような取組みの実証実験が行われている。

　こうした、規制や範囲を限定的とした試験的な場を提供するサンドボックス制度は、「限定的な保険金額・補償内容および保険期間」というリスクが限定された特徴をもつ少額短期保険業と親和性が高い。したがって、日本国内において保険会社ではなく、少額短期保険業者が実証実験を行い、その結果として商品化へつなげている。

　海外各国においても、少額・短期には限らないものの、同制度下で保険関連商品・サービスのプロジェクトが多く実施されている。日本では保険商品の実証実験が中心だが、海外では保険商品だけでなく、販売チャネルや保険金請求等保険周辺のサービス等幅広い領域で実証実験が行われている。

イ　海外各国のサンドボックス制度

　サンドボックス制度は、イギリス金融行為規制機構（Financial Conduct Authority、以下「FCA」という）が2016年に他国に先駆けて導入し、その後シンガポールやオーストラリア等、各国で導入されている制度である。国により制度詳細は異なるものの、それらの多くは金融分野やフィンテック領域を対象としており、イノベーションを促進する取組みとして注目されている。

(ア)　イギリス

　FCAは2015年11月、規制サンドボックス制度の導入を発表、2016年6月に初回の申請受付を開始した。イギリスは、世界初のサンドボックス制度導入国であり、実証に至った事例も多い。保険領域においても保険仲介者やスタートアップを含む数多くの企業が参加している（図表3-4）。

図表 3 - 4　イギリスで承認された保険領域関連事業例

企業	事業／商品概要
Blink Innovation[*1]	・飛行機のフライト遅延／キャンセルを補償する保険 ・リアルタイムのフライトデータに基づき、フライト遅延／キャンセルの情報を取得すると、顧客宛てに自動的にEメールが送信される（顧客からの保険金請求行動は不要）。空港ラウンジの利用や保険金受取り、新たなフライト予約等、複数の選択肢から自由に選ぶことが可能（ケースにより選択肢は異なる）
AssetVault[*2]	・個人所有の財産（不動産や自動車、絵画、アクセサリー等）をスマートフォン経由で安全なオンラインプラットフォームに登録し、資産管理をすることが可能となるサービス ・複数の保険会社と連携し、サービス上で各財産に対して適切な保険を購入することが可能
FloodFlash[*3]	・洪水発生時、事前合意に基づいた補償を受けることができるパラメトリック保険 ・同社のセンサーが一定の深度を検出すると、自動的に補償を提供
Laka[*3]	・一定期間中の保険金請求額に基づき保険料が算出されるP2P保険[*3]（上限は設定される）
Pluto[*4]	・Facebook Messengerのチャットボット経由で、購入・管理・保険金請求ができる旅行保険

＊1　FCA, Regulatory sandbox-cohort 1.
＊2　FCA, Regulatory sandbox-cohort 2.
＊3　P2P保険：万一の際の保険金支払というリスクを加入者が割り勘＝相互扶助の形式で助け合う"Peer to Peer（P2P）"という仕組みを採用した保険。
＊4　FCA, Regulatory sandbox-cohort 4.

(イ)　シンガポール

　シンガポールでは、金融管理局（Monetary Authority of Singapore、以下「MAS」という）が2016年11月、フィンテック規制サンドボックスのガイドラインを発行した。金融機関や新たな金融商品・サービスの提供にチャレンジするスタートアップ企業等を対象とし、MASが規制に関する支援を提供している（図表3 - 5）。

図表3－5　シンガポールで承認された保険領域関連事業例*

企業	事業／商品概要
PolicyPal	・個人がアプリを通じて自らの保険契約を購入、管理、最適化できるオンラインサービス
Inzsure	・中小企業向けの保険契約手続や契約管理を行うプラットフォーム
MetLife LumenLab	・ブロックチェーンを活用した妊娠糖尿病患者向け保険「Vitana」 ・診断が出ると自動で顧客へ通知される仕組みを構築

*　MAS, Sandbox.

　また、同国では条件を満たせばより短期間で実証実験を行うことができる「サンドボックス・エクスプレス」という仕組みも活用されている。その他、金融領域以外でも、エネルギーや個人情報、自動走行等の分野におけるサンドボックス制度も運用されている。

　シンガポールのサンドボックス制度を利用して実証実験を行った商品の1つ、「Vitana」を紹介する。「Vitana」は、シンガポールを拠点とするMetLifeのイノベーションセンターLumenLabにより9カ月間の期間限定で運用された[13]。

　「Vitana」は、世界初のブロックチェーンを使った保険ソリューションであり、世界的にも妊娠糖尿病患者の割合が高い水準であるシンガポールにて、円滑に保険金を支払う仕組みを構築した。

　当該商品は、LumenLabとSwiss Re、Cognizant、Vault Dragonとで共同開発されたものである。専用アプリから約2分程度の手続で加入可能で、本人認証等の手続もすべてアプリで行うことができ、加入者が妊娠糖尿病と診断された場合、最大2,500シンガポールドルが支払われる。電子医療記録（EMR）の情報がブロックチェーン技術を活用して自動的に連携されるため、加入者は保険金請求をする必要がなく自動で保険金を受け取ることができる[14]。

---

[13] Business Wire, MetLife's New Blockchain Health Insurance Product Eliminates Claims.

「Vitana」の主な目的は、ブロックチェーン技術が顧客体験向上および保険会社の業務効率化に寄与し、保険金請求手続の負担軽減可否を検証することにあったものと思われる。しかし、こうした"ニーズは高いものの従来は商品がなかった"特定の疾病に焦点を当てた商品開発や請求手続のオペレーションは、日本における少額短期保険業の事業展開の参考となるだろう。

　㈦　イ　ン　ド

　インドでは2019年、保険規制開発局（Insurance Regulatory and Development Authority of India、以下「IRDAI」という）が、サンドボックス制度の運用を開始した[15]。グローバル大手保険グループのAllianzやAXA等のインド部門やインド発のスタートアップ等、複数の保険会社が承認を受けて、実証実験を行っている（図表3－6）。

　㈧　日　　本

　日本では、内閣府が生産性向上特別措置法（2018年6月6日施行）に基づき、新しい技術やビジネスモデルを用いた事業活動を促進するため、新技術等実証制度（規制のサンドボックス制度）を運用している[16]。

　対象領域は、ブロックチェーンやIoT、ロボット等新技術の実用化や、プラットフォーマー型ビジネス、シェアリングエコノミー等、金融分野に限定せず幅広い分野で活用されている点が特徴の1つである。

　国内のサンドボックス制度を利用した少額短期保険業者の例として、株式会社justInCaseやFrich株式会社の保険商品・サービスがあげられる。両社とも、万一の際の保険金支払というリスクを加入者が割り勘＝相互扶助の形式で助け合う"Peer to Peer（P2P）"という仕組みを採用している。

　すなわち、既存の保険商品は、年齢や性別、健康状態等に応じて加入者ごとにあらかじめ保険料が決められ、保険料の支払についても前払いが基本となる一方、P2P保険は、支払われた保険金の額に応じて保険料が決定される

14　Cognizant, From Vision to Reality How MetLife Applied Blockchain to Solve a Difficult Health Insurance Challenge.
15　IRDAI, Press Release.
16　金融庁「規制のサンドボックス制度について」。

図表 3 － 6 　インドで承認された保険領域関連事業例

企業	事業／商品概要
Acko General Insurance[1]	・クラウドファンディングによる保険料充当
Bajaj Allianz General Insurance[2,3]	・インドのヘルスケアスタートアップGOQii社との提携により、同社が算出する健康状態に基づき保険料が決定される医療保険 ・走った分だけ保険料を支払う "pay as you consume" の自動車保険
Bharti AXA General Insurance[4]	・待機期間をカスタマイズできる短期の医療保険
Digit Insurance[5]	・COVID-19の感染を対象とする医療保険
Tata AIG[6]	・専用の車両搭載デバイスとアプリを活用したテレマティクス保険

＊ 1 　IRDAI, Press Release.
＊ 2 　Bajaj Allianz General Insurance, Press Release.
＊ 3 　The Hindu, Pay-as-you-drive insurance among 33 products that get nod.
＊ 4 　The Economic Times, Bharti AXA General gets Irdai nod for two products under regulatory sandbox framework.
＊ 5 　Digit Insurance 26, Press Release.
＊ 6 　The Economic Times, Tata AIG's new usage-based motor insurance can help save premium.

ため、原則加入者全員が同額の保険料を支払うことになり、また、その支払も後払いとなる。保険金の支払が発生しなければ保険料はゼロとなる一方、保険金の支払が増えれば保険料負担も増える仕組みだが、保険料について上限を設定するケースもある（図表 3 － 7 ）。

　① 　株式会社justInCase

　株式会社justInCaseは2019年 7 月、サンドボックス認定を取得している[17]。P2P保険は、欧米やアジア等で前例はあったものの国内では正式な前例がなく、同社が第 1 号であった。また、実際に支払われた保険金総額を契

17 　株式会社justInCaseプレスリリース。

図表3－7　日本で承認された保険領域関連事業例

企業	事業／商品概要
株式会社 justInCase	・保険料を事後的に徴収する保険スキームを採用したP2P型 のがん保険（後述）
Frich株式会社等	・個人がSNSの友人同士によってグループを形成することに より、少額で加入できる共済（後述）

約数で除したものをベースに保険料を事後的に徴収する保険スキームという
点でも国内では実例がなかった。同社はこれらの点をクリアすべく、本制度
下での実証実験を行い、2020年1月28日より、「わりかん　がん保険」を実
際に販売した（図表3－8）[18]。

　保険料の上限が設定されているだけでなく、後払いの保険料の根拠とし
て、どのような支払が行われたのかを開示することから、契約者にとってリ
スクや負担の透明性が高いと評価されている。

　②　Frich株式会社

　Frich株式会社は、日本初となるP2P互助プラットフォームを開発した。
2020年4月より、アイアル少額短期保険株式会社およびジャパン少額短期保
険株式会社とともにサンドボックス制度下において実証実験を行っている
（図表3－9）[19,20]。

　少額短期保険業者が他の少額短期保険業者のリスクを引き受けることは再
保険に該当するため、少額短期保険業者による再保険の引受けを禁止してい
る現行保険業法（保険業法2条17項、保険業法施行令1条の7第4号）では当
該リスク引受けを行うことはできないが、実証実験期間中は少額短期保険業
者による再保険の引受けを条件付きで可能とする特例措置が講じられてい
る。

18　株式会社justInCaseウェブサイト。
19　金融庁「生産性向上特別措置法に基づく「新技術等実証計画」の認定について」（2020
　年3月13日）。
20　Frich株式会社プレスリリース。

図表 3 − 8　株式会社justInCase：わりかん　がん保険

設立年	2016年
資本金	1億9,600万円（2018年10月時点）
業務概要	・スマホ、わりかん、1日ケガ保険等を提供 ・クレジットカード付帯保険確認サービスや保険APIも提供
商品概要（わりかん　がん保険）	・がん診断時に一時金（80万円）を保障するP2P保険 ・年齢ごとに上限保険料を設定 ・保険金請求が多い場合、上限保険料を設定 　✓20〜39歳：500円、40〜54歳：990円、55〜74歳：3,190円 ・保険料は月次の後払いで、保険金請求の次月に管理費を含めた保険料を徴収。加入者全体で保険金請求がなければ保険料は0円 わりかん保険　justincase **契約者で保険料をわりかん** 20XX年 1月 保険契約者数 1万人　➡　がんになった人 1人　➡　保険金 80万円 20XX年 2月 保険金 80万円 ÷（保険契約者数 1万人 − がんになった人 1人）＋ 保険料に占める管理費の割合 30% ＝ 2月に支払うあと払い保険料 115円
特徴	1　IT技術を利用した助け合いの実現により、既存のがん保険より低価格を実現 2　保険料は後払い 3　がん診断時に一時金80万円受取 4　保険料は月次で契約者全体の保険金の合計金額を算出し、その時点での契約者数で割った金額に一定の管理費を上乗せした金額が後払い保険料となり、同社が事後徴収

出典：株式会社justInCaseプレスリリース。

設立年	2018年
資本金	N/A（Plug and Play JAPAN等が出資）
業務概要	・P2P互助プラットフォームの開発 ・損害保険代理店および生命保険の募集
事業概要	Frich株式会社は、本スキームを実現するためのシステムを提供 【共済グループ】 ・10万円以下の補償を提供 ・グループの友人までに加入を制限 ・1グループ100名以下で形成 ・グループ内の相互評価制度も導入 2社がそれぞれの補償を提供 (注) ・アイアル少額短期保険：スポーツ等のケガ ・ジャパン少額短期保険：返品送料サポート

注：再保険の該当除外。

　同社開発のプラットフォームは、保険加入ニーズがありながらも市場規模が小さい等の理由で保険が成立しなかった、もしくは保険料が高額となっていた分野を主な対象としている。アイアル少額短期保険株式会社が、スポーツ等のケガを補償、ジャパン少額短期保険株式会社が、商品の返品送料のサポートを提供している。

3　既存事業／本業の補完・シナジー

　既存事業／本業の補完・シナジーという点も少額短期保険ビジネスへ参入

する意義の1つだろう。本節では、保険会社目線の既存事業（保険業）の補完および他業種目線の本業（保険業以外の他業種）とのシナジーに焦点を当てて紹介する。

(1) 既存事業（保険業）の補完

　保険会社にとって、既存の保険業を補完するため少額短期保険業を活用することができるだろう。具体的には、一般的な保険商品では対象とできない顧客への保障／補償の提供である。ニーズはありながらもこれまで引受けの対象とできなかった顧客への保障／補償の提供として、少額短期保険業にて商品提供をする例がみられる。

　たとえば、アフラック生命保険株式会社グループのSUDACHI少額短期保険株式会社では、アフラック生命保険株式会社で提供できない領域の保険商品を開発、提供する。SUDACHI少額短期保険株式会社は2021年2月22日、第一弾商品として、アフラック生命保険株式会社の医療保険に加入できない健康状態の顧客向けに、引受基準緩和型医療保険「SUDACHIのささえる医療保険」を発売した[21]。引受基準を緩和している商品のため、持病のある顧客でも加入しやすく、従来アフラック生命保険株式会社の商品に加入できず、医療保険への加入を諦めていた、もしくは他社の商品に加入していた顧客を取り込むことが可能となる。

(2) 本業とのシナジー（保険業以外の他業種）

　保険会社以外の他業種から少額短期保険業に参入する際の主な目的としては、①既存の顧客基盤・マーケットを活用した事業拡大、②技術・ノウハウの活用、③ストックビジネスの獲得があげられる。

　まず1点目として、①既存の顧客基盤を活かした商品販売や新規マーケット開拓が考えられる。

　最もイメージしやすいのは、不動産事業者からの参入だろう。たとえば、

21　SUDACHI少額短期保険株式会社プレスリリース（2021年2月15日）。

積水ハウスグループのシャーメゾン少額短期保険株式会社は、賃貸住宅向けの家財保険や修理費用保険、賠償責任保険等を提供する。積水ハウスグループの賃貸住宅である「シャーメゾン」物件の入居者専用の保険商品を提供しており、グループの顧客接点やチャネルを活かした事業を展開している。

　また、料理教室運営会社が母体のABC少額短期保険株式会社は、女性向けに「子育て応援保険」として、妊娠予定～妊娠中、出産後の女性に特化した医療保険を提供する。保険は料理教室と直接関連のある分野ではないが、過去には同教室の生徒専用の保険商品も開発する等、同料理教室の会員という既存の顧客基盤・接点を活かした事業展開も可能だろう。

　さらに、放送・通信サービスを核に電力、モバイル、ガス等、各種サービスを提供するJ:COMグループのジェイコム少額短期保険株式会社では、ネットトラブル発生時の各種費用を補償する保険を提供する。具体的には、SNSでのいじめやネット詐欺による個人情報流出等が発生した際の弁護士への相談費用や損害賠償として負担した賠償金等を補償する商品である。

　なお、同社は、J:COMグループの既存事業、提供サービスを通じて得た幅広い顧客接点を活かすとし、少額短期保険業をこれらと並ぶような主力商品に育てたい考えを示している。

　その他、家電専門小売業を軸とするヤマダホールディングスグループ傘下の株式会社ヤマダ少額短期保険では、賃貸向けの家財保険や火災保険、スマートフォン等のデバイス修理保険を開発している。同グループは、家具・家電販売だけでなく住宅やリフォーム、住宅設備機器の提案等を行っており、同少額短期保険会社では、こうした各事業と親和性の高い保険商品を開発することで、顧客との長期にわたる付き合いを目指している。

　たとえば、家電を購入する最も多い理由の1つであろう引越しを検討している顧客に家財、火災保険を勧めることや家電量販店でスマートフォンを購入する顧客にデバイス修理保険を勧めること等、双方向の事業につなげることが可能だろう。

　次に、②自社の技術・ノウハウを活用した参入があげられる。

医療機関・薬局向けにオンライン診療・オンライン服薬指導サービスや、

医療データをAI等で解析するデータソリューション等を展開する株式会社MICINが、2021年7月に開業したMICIN少額短期保険株式会社がその一例である。同社は、従来最も実現が困難であった領域の1つであるがん罹患者の再発を保障する保険商品を展開しており、当該保険等で蓄積される罹患者の告知や給付金情報等のデータを、本業で関係を構築している医療業界へ提供する等、データ活用の可能性を模索している。また、本業で培った医療機関とのネットワークを活用し、販売する保険商品の特徴を伝え、パンフレットを大学病院やクリニックに設置する等、双方向の取組みを行っている。

　不動産・住宅メーカーが少額短期保険業に参入する際に、販売ルート・顧客層を共有するシナジーも見受けられると前述したが、MICIN少額短期保険株式会社のようなデータ活用のシナジー効果も今後増加していくことが想定される。

　そして、③ストックビジネスの獲得については、保険業の特徴の1つである「長期的かつ継続的な顧客との関係性」が背景にある。保険商品は、生命・傷害・疾病または日常リスクに関連する保障／補償を提供するものであるため、そのペイン・ニーズは継続性があり、商品・サービスを販売・提供した段階で顧客との接点が終了する一般的なビジネスとは異なるという特徴がある。顧客が生存し続ける、または自家用車・自宅等を保有することによるリスクを抱え続ける限り、保険会社と顧客との関係性は長期間継続するため、保険業はストックビジネスといわれている。

　保険会社は、継続的に保険料収入を得られ事業が安定化しやすく、また顧客との接点が維持されることから他商品のバンドル販売を行う機会が常時ある。こうした保険業の特徴に着目し、保険業での安定した収益性の確保や他業の顧客獲得を目的として、保険業界以外のプレイヤーが少額短期保険業へ参入しつつある。

4 ナーチャリング

(1) ナーチャリングとは

ナーチャリング（nurturing）とは、英語nurtureの「育てる」「大切に管理する」の意味をもつマーケティング用語で、自社を知っている・認知している顧客（＝見込顧客）を、自社の商品・サービスを購入する自社コンテンツのユーザー（既存顧客）へと育てていくことである。

たとえば、生命保険・損害保険業と比して緩やかな規制を活用して、デジタルネイティブ層[22]の多様化する様々なニーズにマッチした商品の開発や、家計を主として管理する女性のニーズを的確にとらえた、月額数百円という廉価な保険料を提示し、まず少額短期保険商品を購入してもらう。そうすると、少額短期保険商品を通じて自社ブランドを認知した顧客や商品・サービスを体験した顧客は、親会社の主力商品（保険会社であれば生保・損保商品、保険会社以外であれば自社提供コンテンツ）を一から説明・販売していく顧客層よりも、親会社のブランドに親近感を感じてもらいやすいため、定期的なコンタクトやデジタルマーケティングを行うことで、主力商品購入やロイヤルティの向上につながりやすい（図表3－10）。

また、少額短期保険業者は、生命保険会社・損害保険会社と異なり、生損兼営が可能であることから、生損保一体型商品により、若年層や新社会人にリーチし、ライフイベントにあわせて保障／補償の厚い保険を販売していくことも、ナーチャリングの1つの方法として考えられる。

なお、ナーチャリングを行う場合は、少額短期保険業単独で事業の収益性が確保できなくても、またその将来性を描き切れなくても、自社の少額短期保険以外の主力商品・サービスを含めた事業全体で採算があえばよいとの考

---

22 デジタルネイティブ層とは、幼少期からネット・PC等があるデジタル環境のなかで育った世代をいう。

図表3−10　イメージ図

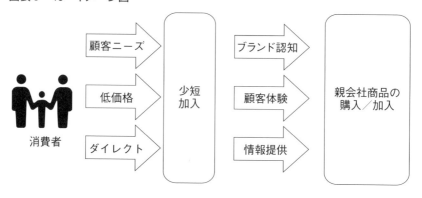

え方がありうるため、既存ビジネスをもつプレイヤーにとっては活用しやすい方法といえる。

⑵　ナーチャリングを標榜した少額短期保険業者

　生命保険・損害保険会社の子会社として設立されている少額短期保険業者のうち、ナーチャリングを標榜している会社が実際にある。

　たとえば、2021年に登録・運営開始した第一スマート少額短期保険株式会社（第一生命保険株式会社100％出資）では、将来の保障中核層となる若者（ミレニアル世代・Z世代）をターゲットとし、感染症保険等の少額短期保険を販売し、将来の生命保険へのトスアップを想定している[23]。

　また、2022年4月に開業したニッセイプラス少額短期保険株式会社（日本生命保険相互会社100％出資）でも、個人の価値観の多様化やデジタル環境普及をふまえて顧客ニーズをカバーできていない市場を少額短期保険業で補い、本業の生命保険業の拡大につなげることを標榜している[24]。

　生命保険業界では、少子高齢化・人口減少といった人口動態をはじめとした外部環境の変化が将来性に影響を及ぼすことから、近年、新規顧客獲得に

23　第一生命保険株式会社ウェブサイト、プレスリリース（2020年1月20日）。
24　日本生命保険相互会社ウェブサイト、プレスリリース（2021年3月19日）。

向けたナーチャリングが盛んになりつつある。

5 人材育成

　少額短期保険業への参入には、これまで触れてきたビジネスにおける活用
方法に加えて、当該事業に従事する人材の育成という面においてもメリット
がある（図表3－11）。

　保険業界でいえば、生命保険・損害保険業に従事する従業員は数千人から
数万人と大規模だが、経営陣を除けば、会社全体で何が起こっているのか、
外部環境をふまえた今後の成長戦略をどう描くべきなのか、ビジネス全体に
おけるボトルネックは何なのか等、いわゆる全社を俯瞰する視野・知見を蓄
えられるポストは限定的といえる。

　一方で、保険会社から少額短期保険業者に出向すると、事業の立上げや経
営理念の策定、事業のあり方や事業計画・収支計画のPDCAのほか、社会・
顧客・株主・従業員への対応等、事業運営にかかわる業務が生じるうえに、
事業規模が比較的小規模であるため、一人ひとりの業務の幅が広く、経営目
線・組織マネジメント力・コミットメント（胆力）・顧客志向力等を育むこ
とができる。

　現在、ビジネスを取り巻くスピード感の高まりや、VUCA[25]時代の先行き
の不透明さから経営マネジメントのむずかしさが増してきているため、親会
社における将来の幹部候補生を、社外や子会社ポストに意図的に出向させて
人材育成を行う企業が実際に増えてきている。

　保険会社の部長職が子会社の役員、若手が中堅ポストと出向元の役職以上
の責務を負うことで、保険会社在籍時には学ぶことのできない経験を体験す

25　VUCAとは、先行きが不透明で、将来の予測が困難な常態をいう。Volatility（変動
　性）、Uncertainty（不確実性）、Complexity（複雑性）、Ambiguity（曖昧性）の4つの
　単語の頭文字をとった造語。

図表 3 −11　人材育成の効果

1	経営目線	・小規模組織であるため、会社やビジネス全体を俯瞰しやすく、全体最適の経営目線が養われる
2	マネジメント力	・親会社在籍時よりも所管領域や責任範囲が広く、マネジメントの実践経験により、組織運営力が身につく
3	コミットメント	・自らの業務遂行がビジネス全体に与える影響が大きく、やり抜く力・主体性が研鑽される
4	顧客志向力	・顧客や提携先との距離感が近く、ニーズを直接把握することにより、顧客目線・顧客志向が強まる
5	イノベーション	・大企業が行わないことを実現できなければ収益性を高められないため、イノベーションの発想やチャレンジ精神が身につく ・生命保険・損害保険へのナーチャリング

ることや、少額短期保険業ならではのニッチ分野のリスクを探索することで、シーズやニーズの探索力、ビジネスのスピード感、関係先を巻き込んだイノベーション発想力等、親会社にはない文化・体験を持ち帰ることができるメリットがある。

　保険業界以外に関しても、前述の効果は見込まれるほか、少額短期保険事業から本業または従来のマーケットを俯瞰することで、これまで当たり前と感じていたことに関する新たな発見や、業界をまたぐ視野の広がり等を得られるのではないか。

　また、少額短期保険業の目線からは、既存事業者からの従業員の受入れは、企画・経理・人事・総務等の内部業務等に精通した人材を確保でき、また既存事業者の価値観を醸成するリエゾン[26]の役割が期待できる。また、少額短期保険業の一時的な盛衰の事情にあわせて、受入出向者を増減させることで雇用調整ができる要素もある。

26　リエゾンとは、組織間・企業間の橋渡し役のことをいう。ここでは、既存事業の役員・従業員等で育まれている価値観を、少短事業メンバーに伝播させる役割をいう。

採用（新卒・中途）する人材と既存事業者からの受入人材をミックスさせ、ストレッチした役割・責任を付与することで、事業の発展とともに、少額短期保険業を人材育成の場として活用したい。

第 4 章

少額短期保険ビジネスへの
参入方法

これまで少額短期保険ビジネスの規制面やマーケット概要、および少額短期保険ビジネスを既存事業にどのように活用していくかを論じてきた。本章では少額短期保険ビジネスへの参入方法、およびその具体的な進め方や留意点等について解説していきたい。

1 参入スキーム

参入スキームについては新規設立、既存少額短期保険業者の企業買収（または提携）といったスキームがある。新規設立は既存の商品やチャネル、システム、プロセスといったいわゆるレガシーアセットがないため、それらの保守をする必要がなく、定めた事業目的に集中して資源投下ができるといったメリットがある。一方で、一から収益基盤を構築する必要があるため収益が不安定になるリスクがあること、一から事業体を構築するため、保険業界の知見がない企業、および新規事業に不慣れな企業においては多大な労力が必要となることといったデメリットが存在する。その裏返しが企業買収のメリット・デメリットになるが、これら以外にも昨今の少額短期保険ブームにより適正価格での売り物を見つけるのが困難になってきていることや、少額短期保険業の知見が乏しいことによりデュー・ディリジェンスでリスクが見抜けないといったデメリットもあるだろう。

図表4－1では2016年度〜2020年度に少額短期保険業界に参入してきた企業についてその参入スキームをまとめているが、その多くは新規設立となっている。筆者もコンサルタントとして少額短期保険業参入の支援を行うことがあるが、第3章で述べた活用方法や事業目的に照らすとM&Aには上記のような課題があるため、それが実現しがたいことを理由として新規設立を選択する企業が多いと感じる。

以下、新規設立およびM&A買収のスケジュールやそれぞれについて具体的に検討すべき事項について記載する。

図表4-1 新規設立とM&Aでの参入スキーム社数（2016年度〜2020年度）[1]

M&A
10社
26%

新規設立
28社
74%

新規設立とM&Aのリスク比較

項目	新規設立	M&A
顧客基盤	・顧客基盤を一から構築する必要あり、収益が不安定	・既存収益基盤が存在
レガシーアセット	・自由に設計可能なため商品開発等に制約なし	・既存の商品・チャネル・システム・プロセス・価値基準等により商品開発に制約発生
その他	・登録が遅延	・適正価格による売り物がないことによる遅延や断念 ・意思決定をしないことによる遅延

2 新規設立に係るタスク全体像

　新規設立においては少額短期保険業に参入する意義やその投資対効果を検討し、その参入可否の判断材料となる基本計画を策定する。その後、基本計画の検証や具体的なタスクや課題を整理した詳細計画を策定し、開業に向けて準備を行っていくフェーズをたどっていくことが効率的と考える。基本方針となる基本計画フェーズとそれを具現化した詳細計画フェーズを分けないまま計画策定を行うと、論点がぶれて意思決定が遅れる、または無駄な作業

1　分析対象から、SBIインシュアランスグループ株式会社等のすでに少額短期保険業を営んでいる企業群による企業買収は除いている。

図表 4 − 2　各フェーズの目的と主要タスク

フェーズ	基本計画	詳細計画	実行
目的	・少短設立の Go/No go の決定 ・次フェーズ以降の予算・リソース確保	・初期ビジネスプランの検証 ・実行フェーズの準備	・円滑な開業
主要タスク	・少短参入意義策定に向けた各リサーチ ・基本方針策定 ・商品・サービス方針策定 ・事務・システム方針策定 ・必要タスク・リソース検討（コスト・人員） ・概算収支計画策定（投資対効果測定）	・事業計画書作成 ・商品／事務概要書作成 ・マーケティングプラン策定 ・要件定義、システム RFP ドラフト作成 ・実行フェーズに向けたタスクの洗い出し、リソース等の精緻化 ・プロジェクト運営体制準備（PMO）	・当局対応（事業計画・商品届出対応等） ・態勢整備 ・マーケティングスキーム構築 ・経営理念および各規程策定 ・事務フロー／マニュアル策定 ・システム開発・テスト

が発生するといった非効率が発生するおそれがあるので、いったんは基本計画で関係者の合意を得たうえで詳細化していくべきと考える（図表4 − 2）。

(1)　基本計画フェーズ

　基本計画フェーズでは少額短期保険業参入の目的、およびこれを実現するための手段、ならびに、参入スキームのオプションとして、新規設立を選択することの意思決定、および次フェーズ以降に必要となる予算や人材等のリソースの確保について、論点を整理していくことになる。具体的には①少額短期保険業参入の意義や目的を明確に定め、②それを実現するための市場やその市場が抱える課題を解決する手段（商品）、およびアプローチ方法（チャネル等）を検討し、③それらを実現するために必要となる事務・システム領域の選定やその基本方針を定めたうえで、④新規設立に向けて必要となる資本の額や投資対効果を算定するために"概算の"財務三表（貸借対照表、損益計算書、キャッシュフロー計算書）を策定するとともに、開業までのマスタースケジュールを策定していくことになる。

ア　少額短期保険業参入の意義や目的を定義していくためのアプローチ方法
　少額短期保険業参入の意義や目的を定義していくためのアプローチ方法

は、当業界へ参入を企図する企業の業態が保険会社かそれ以外の他業種かによって異なる。なぜなら、保険会社は、少額短期保険業と同様の保険業を営んでおり、保険市場を熟知している一方で、従来型の保険業に必要なアセット以外のものを保有していないため、保険会社自身が抱える課題を解決していくアプローチで少額短期保険業を活用するものであるのに対して、他業種の企業は保険市場に対する知見は乏しいものの、保険会社が保有していない顧客基盤や市場へのリーチ力等を用いて保険市場全体が抱える課題を解決していくアプローチで少額短期保険業を活用して、収益機会の拡大や本業とのシナジーを企図するものだからである。

　まずは保険会社視点での①少額短期保険業参入の意義や目的を定義していくためのアプローチを考えてみよう。

㈎　外部環境分析

　保険会社が少額短期保険業に参入するためには、まずは自社を取り巻く外部環境の分析を行い、機会と脅威を把握する必要がある。そのアプローチ方法は様々なものがあると思うが、主なフレームワークとしてはPEST分析があげられる。PEST分析とは外部環境をマクロ的に俯瞰し、そこから機会と脅威を把握するもので、分析対象となるPolitics（法律・行政等の規制面の変化）、Economy（景気・所得水準・産業の勃興等の経済面の変化）、Society（人口動態・消費者購買意識／行動の変化等の社会面の変化）、Technology（X-Techといった技術面の変化）の頭文字をとってそう呼ばれている。

　では、実際に損害保険業界について分析してみよう。まずPoliticsでは、家計・企業を新たなリスクから守る保険サービスの提供促進とそれに応じたビジネスモデルの見直し推進、1つの登録で銀行・証券・保険すべての分野の金融サービスの仲介ができる「金融サービス仲介業」の創設、2025年導入に向けた経済価値ベースのソルベンシー規制対応等があげられる。Economyでは、COVID-19による景気の減速・回復、働き方の多様化（ギグワーカー等の非正規雇用者の増加、リモートワーク、定年延長等）、外部環境の変化を受けた産業構造の変化、MaaS等のシェアリングエコノミーの台頭等があげられる。Societyでは消費行動の変化（パーソナライズド化・オンデマ

ンド化)、モノ消費からコト／トキ消費へのシフト、少子高齢化やシルバーエコノミーの発展、気候変動等の環境意識の高まり等があげられる。最後にTechnologyでは、IoT接続デバイスの指数関数的な普及や5G・AI技術の実用化によるデータ利活用、AR/VR技術の台頭、自動運転技術の進化、3Dプリンタ・ドローンの普及等があげられる。これらのトレンドに基づき機会と脅威を把握していくことになる。

さらに、保険会社が少額短期保険業に参入する場合、PEST分析のほかにも、少額短期保険業界（または保険業界）の5F分析[2]も行う必要があると考える。5F分析は5つの競争要因を分析し、その業界構造を把握するものである。したがって本業とのシナジーにより収益機会の拡大を企図して参入する他業種企業にとっても有効なフレームワークである。

5つの競争要因とは、①新規参入業者（の脅威）、②代替品（の脅威）、③買い手（の交渉力）、④供給業者（の交渉力）、最後に⑤競争業者（の敵対関係）である。

このようなフレームワークを効果的に活用するためには、切口を変えたり、複数のフレームワークを結合したりする等、その用途に応じてカスタマイズすることが重要となる（図表4−3はPEST分析と5F分析を組み合わせた外部環境分析のフレームワークとなる）。

なお、PEST分析や5F分析のようなフレームワークの有用性は頭の整理につながるだけでなく、フレームワークをなんとか埋めようとして構成要素について真剣に考える[3]効果が生まれるため、何かを検討する際にはインターネット等でフレームワークを探して活用するとよい。

2　M.E. ポーター著／土岐坤・中辻萬治・服部照夫訳『新訂　競争の戦略』（ダイヤモンド社、1995年）17頁。
3　W・チャン・キム＆レネ・モボルニュ「ブルーオーシャン戦略」においてもフレームワークやツールの効果として、「ERRCグリッド（フレームワーク名称）を何とか埋めようとして、業界での競争要因すべてについて詳しく調べるため、無意識の思い込みに気づく機会が生まれる」と述べている（W・チャン・キム＝レネ・モボルニュ著／入山章栄監訳・有賀裕子訳『新版　ブルーオーシャン戦略』（ダイヤモンド社、2015年）86頁）。

図表 4 - 3　環境変化の機会や脅威に関するチェックリスト

項目	環境要因	ビジネスへの影響
社会環境変化	変わりゆく顧客の嗜好	製品需要・デザイン
	人口動態	流通・デザイン
政治的変化	新たな法的枠組み	製品コスト
	新たな法的規制の優先事項	投資・製品・需要
経済的変化	金利	事業拡大・債務コスト
	為替レート	国内／国外需要・利益
	実質個人所得の変化	需要
競争状況の変化	新技術の導入	コストポジション、製品品質
	新たな競合相手	価格・マーケットシェア・貢献利益
	新製品	需要・広告費
サプライヤーの変化	調達コストの変化	価格・需要・貢献利益
	供給の変化	生産プロセス・投資条件
	サプライヤー数の変化	コスト・供給能力
マーケットの変化	製品の新しい利用法	需要・設備稼働率
	新市場	流通チャネル・需要・設備稼働率
	製品の陳腐化	価格・需要・設備稼働率

出典：DANIEL J. POWER・MARTIN J. GANNON・MICHAEL A. McGINNIS・
　　　DAVID M. SCHWEIGER, *STRATEGIC MANAGEMENT SKILLS* Addison-
　　　Wesley, 1986, p.38

(イ)　**内部環境分析**

　①の少額短期保険業参入の意義や目的を定義するためには外部環境分析を行うとともに内部環境分析、すなわち自社（少額短期保険業者の親会社）の強みと弱みを分析する必要がある。内部環境分析のフレームワークとしてはValue Chain分析[4]とVRIO分析[5]がある。Value Chainとは自社の事業を顧客にとっての価値を生み出す活動単位に切り分け、その活動単位で自社の強

図表4-4　クロスSWOT分析マトリックス

		内部環境分析	
		強み ・XXX ・XXX ・XXX	弱み ・XXX ・XXX ・XXX
外部環境分析	機会 ・XXX ・XXX ・XXX	積極展開	課題克服
	脅威 ・XXX ・XXX ・XXX	脅威克服	撤退

みと弱みを分析するものである。一方でVRIO分析はValue（経済価値）、Rarity（希少性）、Inimitability（模倣困難性）、Organization（組織）の4つの観点で分析を行い、これら4つの観点がすべて備わっているものは強みとして、逆にどれか1つでも欠けているものは弱みとして把握する必要がある。これらもそれぞれ単独で分析を行っても良いが、より効果的に行うためには組み合わせて（たとえば横軸にValue Chainを取り、縦軸にVRIOを取る等）活用するのも考えられる。

(ウ)　**外部環境分析と内部環境分析の統合**

　これら外部・内部環境分析で把握した機会と脅威、および強みと弱みをクロスSWOT分析（図表4-4）等によって分析し、自社が取り組むべき課題を洗い出し、それを図表4-5のような少額短期保険業の特長、または新設会社の特長を活かして解決する方法を検討したり、または本業の強みやシナ

4　M.E.ポーター著／土岐坤・中辻萬治・小野寺武夫訳『競争優位の戦略』（ダイヤモンド社、1985年）48～75頁。
5　J.B.バーニーが提唱。

少短の特長	・規制の違いによる自由度の高い商品設計が可能 ・低コスト運営による、低廉な保険料が実現可能 ・小規模での事業運営が可能	新設会社の特長	・レガシーとなりうる資源に依存しない（システム・チャネル等） ・新たなプロセス設計が可能 ・新たな価値観の醸成が可能

ジーからどの機会、もしくは保険業界にとっての脅威からどのようなところに収益機会があるかを探索したりして、少額短期保険業界参入の意義や目的を設定することになる。

(エ)　他業種における少額短期保険業参入の意義や目的の定義

次に保険会社以外の他業種が①少額短期保険業参入の意義や目的を定義するアプローチについて検討しよう。他業種企業にとって最初に行うべきことは保険業とはどのようなものなのかを知ることであろう。保険業の特徴としては、(i)ビジネスモデルが一般事業会社と大きく異なること、(ii)開業においては比較的多くの初期投資が必要であること、および(iii)保険業法等による規制が存在することがあげられる。

(i)ビジネスモデルが一般事業会社と大きく異なることについては、一般の事業会社の商品・サービスのように購入とほぼ同時に顧客が金銭を支払うというものではなく、顧客が対価を支払ってしばらくしてから保険金支払といったサービスが提供される（または保険事故が発生しない場合はそもそも提供されない）ことや6、保険商品が他の商品のようにみえない商品であること、または他のサービスと異なり保険商品が万が一のリスクに備えるための商品であること等があげられる。このように保険商品は顧客が積極的に体験したいようなサービスではないことから、顧客への購買訴求がむずかしい点や、一方で一度保険契約を獲得した場合は対象リスクが存在する限り保険料という対価が継続的に得られるという点が大きく異なる点であろう。

6　海外ではP2P保険のように保険料後払い型のものも存在する（わが国においてもサンドボックス制度を使って株式会社justInCaseが実証実験を行った）。

(ⅱ)開業において比較的多くの初期投資が必要であることについては、システム開発費用、営業基盤構築費用、規制に沿った体制の構築費用等の発生があげられる。そのため保険会社および少額短期保険業者においては、保険業法上、会社法で認められている繰延資産（たとえば、一般事業会社では創立費や開業費を貸借対照表上の資産の部に計上して、会社の成立または開業の後5年以内に償却することが認められている）と比べて、繰延対象となる費用の範囲が広く、繰延および償却期間も長くなっている。具体的には保険業法113条（少額短期保険業においては保険業法272条の18）において、保険会社等の成立後の最初の5事業年度の事業費等に係る金額を資産計上することができ、それを保険会社等の成立後10年以内に償却することができる[7]。どの費目がこれに該当するかは保険会社等の判断によるものであるが、合理的に説明できる限りにおいては（極論ではあるが）全費目を繰り延べることが可能である。これにより期間損益が一致するメリットが生じる一方で、デメリットも存在する。具体的には、当該項目で繰り延べられた費用についてソルベンシー・マージン比率の分子からは控除されないこと（すなわち保険業法113条等の繰延・償却前の純資産がベースになる）、また、多額の繰延を行うと将来的な償却負担が大きくなるだけでなく、繰延税金負債が計上される可能性があるため計上年度に損失が発生すること、およびその全額を償却しなければ株主配当等を行うことが禁止されている（保険業法17条の6。具体的な事項については、図表4−6参照）ことがあげられる。

最後に(ⅲ)保険業法等による規制については、すでに第2章で述べたとおりである。保険会社や少額短期保険業者の事業運営に関しては保険業法等によって様々な規制が設けられているが、事業運営について規制がそれほどない他業種にとっては、実施しようとしている行為が規制対象なのか否かについて判断に困ることが多いだろう。当該行為が保険業法等に抵触するかどうかは総合的かつ個別具体的な判断が求められることになるが、保険業法の目的が「保険業の公共性にかんがみ、保険業を行う者の業務の健全かつ適切な

7　安居孝啓著『最新　保険業法の解説〔改訂3版〕』（大成出版社、2016年）416〜417頁。

譲渡制限株式の株主またはその取得者の請求に応じて行う当該株式会社による株式の買取り
自己株式の有償での取得
全部取得条項付種類株式の全部の取得。ただ、金銭その他の財産を交付しない場合を除く
譲渡制限株式を相続その他の一般承継により取得した者に対する売渡しの請求に基づく当該自社株式の買取り
株式の競売を行った場合の自社株式の買取り
株式の無償割当て等により株式を交付する場合における一に満たない端数の自社株式の買取り
剰余金の配当

運営及び保険募集の公正を確保することにより、保険契約者等の保護を図り、もって国民生活の安定及び国民経済の健全な発展に資すること」（保険業法1条）にあることから、当該行為が保険契約者等の保護に資するものなのか否かを1つのメルクマールとして判断していくことが肝要だと考える。

　これら保険業の特徴を理解したうえで、保険業界の構造を分析し、保険会社等の優位性と自社（もしくは自社が属する業界）の優位性を比較検討し、保険会社等が優位にあるものについては本業に取り込む、または自社が優位にあるものについては本業のアセットを保険業に活用することで、少額短期保険業への参入目的が定まるだろう。その際、自社の優位性を参入目的の比較材料に組み込めば自社のミッションから大きくずれることはないだろう。

　それでは業界構造分析のフレームワークを紹介しよう。保険業界の構造を分析するにはビジネスモデルキャンバス[8]を活用すると効果的だと考える（図表4－7）。ビジネスモデルキャンバスは新規事業のビジネスモデルを設計するにあたり必要な観点や、それらの関係性を直感的に理解するために有

---

[8]　Alexander Osterwalder&Yves Pigneur, *Business Model Generation*, Wiley, 2010, pp18-19

図表4－7　ビジネスモデルキャンバス

(viii) パートナー	(vii) 主要活動	(ii) 価値提案	(iv) 顧客との関係	(i) 顧客セグメント
	(vi) リソース		(iii) チャネル	

(ix) コスト構造	(v) 収益の流れ

◀──────── 効率を表す ────────▶◀──── 価値を表す ────────▶

用なツールであるが、言い換えればビジネスモデルを構築する観点を網羅的に整理するために、業界構造の分析にも活用できるツールである。ビジネスモデルキャンバスで使われるその観点とは(i)顧客セグメント、(ii)価値提案、(iii)チャネル、(iv)顧客との関係、(v)収益の流れ、(vi)リソース、(vii)主要活動、(viii)パートナー、(ix)コスト構造の9つの観点である。これらの観点に基づき、既存企業の強みと課題を整理してビジネスモデルを理解するといいだろう。

　それでは、以下、それぞれの観点の説明に移る（ただし業界のビジネスモデルを理解するために、本来的なビジネスモデルキャンバスの観点をカスタマイズしている点をあらかじめお断りしておく）。

　(i)顧客セグメントは保険業界の顧客がどのような属性をもっているかを分析するものである。ここでは顧客が真に求めるニーズ[9]を探るために、行動変数や若年層／シニア層といった人口動態で分析すべきであろう（セグメンテーションの切口については図表4－17参照のこと）。

9　セオドア・レビット「人々が欲しいのは1/4インチドリルではない。彼らは1/4インチの穴が欲しいのだ（People don't want quarter-inch drills. They want quarter-inch holes.）」。

(ⅱ)価値提案はそれら顧客が抱えている問題を解決するためにどのような商品やサービスを提供しているかを分析するものである。

(ⅲ)チャネルではAIDMA[10]（「ATTENTION（注意）」「INTEREST（関心）」「DESIRE（欲求）」「MEMORY（記憶）」「ACTION（行動）」）や5A[11]（「AWARE（認知）」「APPEAL（訴求）」「ASK（調査）」「ACTION（行動）」「ADVOCATE（推奨）」）のようなチャネルフェーズ（購買プロセス）ごとに、どのようなチャネルを使って顧客にリーチしているか（またはできていないのか）を分析する。ここで保険業の特異性を思い出してもらいたい。すなわち他業種では金銭を受領するのとほぼ同時にサービスを提供することに対して、保険業は金銭を受領してしばらくしてからでないと、保険金受取りといったサービスを享受できない（もしくはそもそもサービスが提供されない）というものである。したがって「ACTION（行動）」といったフェーズについては、「購買行動（申込み）」だけでなく「保険金受取り」も組み込んで分析する必要があると考える。

(ⅳ)顧客との関係では、顧客獲得、顧客維持、および販売拡大（アップセル・クロスセル）をするために、どのような手段（対面／電話／セルフサービス等）を活用しているかを分析する。

(ⅴ)収益の流れでは顧客がどのような価値に金銭を支払うのか、現在は何に支払っているのか、どのように支払っているのか等の金銭の流れを分析する。

(ⅵ)リソースでは保険業のビジネスモデルを実行していくうえで必要な資産（たとえばヒト・モノ・カネ・情報）を分析する。

(ⅶ)主要活動は保険業のビジネスモデルを実行していくうえで必要な活動をValue Chain等から分析するものである。

(ⅷ)パートナーではビジネスを運営するうえで重要なポジションを占めてい

10　アメリカのマーケターであるサミュエル・ローランド・ホールが提唱した消費者の心理プロセスを示した略語。
11　フィリップ・コトラー＝ヘルマワン・カルタジャヤ＝イワン・セティアワン著／恩藏直人監訳・藤井清美訳『コトラーのマーケティング4.0』（朝日新聞出版、2017年）93～102頁。

るサプライヤーやパートナーにどのような企業・団体がいるのかを分析する。具体的には競合／非競合企業との戦略的アライアンス、競合企業との戦略的パートナーシップ、新規事業立上げのためのジョイントベンチャーとの関係、確実な供給を実現するためのバイヤー・サプライヤーとの関係があげられる。

　最後の(ix)コスト構造では各社の有価証券報告書やディスクロージャー資料等からコストについて分析していくといいだろう。

　ここで、保険会社の財務諸表はその表示区分、収益認識基準、および用語が一般事業会社と大きく異なっているため、以降で、保険業法施行規則別紙様式にて規定されている生命保険会社、損害保険会社、および少額短期保険業者の貸借対照表、および損益計算書について簡単に解説する（図表4－8～4－13）。

図表4－8　生命保険会社の貸借対照表

（単位：百万円）

科　　　目	金　額	科　　　目	金　額
（　資　産　の　部　）		（　負　債　の　部　）	
現　金　及　び　預　貯　金		保　険　契　約　準　備　金	
現　　　　　　　　金		支　　払　　備　　金	
預　　　貯　　　金		責　任　準　備　金	
コ　ー　ル　ロ　ー　ン		契　約　者　配　当　準　備　金	
買　現　先　勘　定		代　　理　　店　　借	
債券貸借取引支払保証金		再　　保　　険　　借	
買　入　金　銭　債　権		短　　期　　社　　債	
商　品　有　価　証　券		社　　　　　　　　債	
金　銭　の　信　託		新　株　予　約　権　付　社　債	
有　　価　　証　　券		そ　　の　　他　　負　　債	
国　　　　　　　債		売　　現　　先　　勘　　定	
地　　　方　　　債		債券貸借取引受入担保金	
社　　　　　　　債		借　　　入　　　金	
株　　　　　　　式		未　払　法　人　税　等	
外　　国　　証　　券		未　　　払　　　金	

146

科　　　目	金　額	科　　　目	金　額
そ　の　他　の　証　券		未　　払　　費　　用	
貸　　　　付　　　　金		前　　受　　収　　益	
保　険　約　款　貸　付		預　　　　り　　　　金	
一　　般　　貸　　付		預　り　保　証　金	
有　形　固　定　資　産		先物取引受入証拠金	
土　　　　　　　　　地		先　物　取　引　差　金　勘　定	
建　　　　　　　　物		借　入　有　価　証　券	
リ　ー　ス　資　産		売　付　有　価　証　券	
建　設　仮　勘　定		金　融　派　生　商　品	
その他の有形固定資産		金融商品等受入担保金	
無　形　固　定　資　産		リ　ー　ス　債　務	
ソ　フ　ト　ウ　ェ　ア		資　産　除　去　債　務	
の　　　れ　　　ん		仮　　　受　　　金	
リ　ー　ス　資　産		そ　の　他　の　負　債	
その他の無形固定資産		退　職　給　付　引　当　金	
代　　理　　店　　貸		役員退職慰労引当金	
再　　保　　険　　貸		価　格　変　動　準　備　金	
そ　の　他　資　産		金融商品取引責任準備金	
未　　　収　　　金		繰　延　税　金　負　債	
前　　払　　費　　用		再評価に係る繰延税金負債	
未　　収　　収　　益		支　　払　　承　　諾	
預　　　託　　　金		負債の部　　合計	
先物取引差入証拠金		（　純　資　産　の　部　）	
先　物　取　引　差　金　勘　定		資　　　本　　　金	
保　管　有　価　証　券		新　株　式　申　込　証　拠　金	
金　融　派　生　商　品		資　本　剰　余　金	
金融商品等差入担保金		資　本　準　備　金	
仮　　　払　　　金		その他資本剰余金	
リ　ー　ス　投　資　資　産		利　益　剰　余　金	
そ　の　他　の　資　産		利　益　準　備　金	
前　払　年　金　費　用		その他利益剰余金	
繰　延　税　金　資　産		○　○　積　立　金	
再評価に係る繰延税金資産		繰　越　利　益　剰　余　金	
支　払　承　諾　見　返		自　　己　　株　　式	△
貸　倒　引　当　金	△	自己株式申込証拠金	
		株　主　資　本　合　計	

科　　　　　目	金　額	科　　　　　目	金　額
		その他有価証券評価差額金	
		繰　延　ヘ　ッ　ジ　損　益	
		土　地　再　評　価　差　額　金	
		評　価・換　算　差　額　等　合　計	
		新　株　予　約　権	
		純資産の部　合計	
資　産　の　部　合　計		負債及び純資産の部合計	

図表4－9　生命保険会社の損益計算書

（単位：百万円）

科　　　　　　　　　目	金　　　額
経　常　収　益	
保　険　料　等　収　入	
保　　　　険　　　　料	
再　保　険　収　入	
資　産　運　用　収　益	
利　息　及　び　配　当　金　等　収　入	
預　貯　金　利　息	
有　価　証　券　利　息・配　当　金	
貸　付　金　利　息	
不　動　産　賃　貸　料	
そ　の　他　利　息　配　当　金	
商　品　有　価　証　券　運　用　益	
金　銭　の　信　託　運　用　益	
売　買　目　的　有　価　証　券　運　用　益	
有　価　証　券　売　却　益	
有　価　証　券　償　還　益	
金　融　派　生　商　品　収　益	
為　　　替　　　差　　　益	
貸　倒　引　当　金　戻　入　額	
そ　の　他　運　用　収　益	
特　別　勘　定　資　産　運　用　益	
そ　の　他　経　常　収　益	
年　金　特　約　取　扱　受　入　金	

科　　　　　　目	金　　　額
保　険　金　据　置　受　入　金	
そ　の　他　の　経　常　収　益	
経　常　費　用	
保　険　金　等　支　払　金	
保　　　　　険　　　　　金	
年　　　　　　　　　　　金	
給　　　　　付　　　　　金	
解　　約　　返　　戻　　金	
そ　の　他　返　戻　金	
再　　　保　　　険　　　料	
責　任　準　備　金　等　繰　入　額	
支　払　備　金　繰　入　額	
責　任　準　備　金　繰　入　額	
契　約　者　配　当　金　積　立　利　息　繰　入　額	
資　　産　　運　　用　　費　　用	
支　　　払　　　利　　　息	
商　品　有　価　証　券　運　用　損	
金　銭　の　信　託　運　用　損	
売　買　目　的　有　価　証　券　運　用　損	
有　価　証　券　売　却　損	
有　価　証　券　評　価　損	
有　価　証　券　償　還　損	
金　融　派　生　商　品　費　用	
為　　　替　　　差　　　損	
貸　倒　引　当　金　繰　入　額	
貸　　付　　金　　償　　却	
賃　貸　用　不　動　産　等　減　価　償　却　費	
そ　の　他　運　用　費　用	
特　別　勘　定　資　産　運　用　損	
事　　　　　業　　　　　費　　　　　用	
そ　の　他　経　常　費　用	
保　険　金　据　置　支　払　金	
税　　　　　　　　　　　金	
減　　価　　償　　却　　費	
退　職　給　付　引　当　金　繰　入　額	
そ　の　他　の　経　常　費　用	

科　　　　　目	金　　額
経 常 利 益 （ 又 は 経 常 損 失 ）	
特 別 利 益 　固 定 資 産 等 処 分 益 　負 の の れ ん 発 生 益 　保 険 業 法 第 112 条 評 価 益 　そ の 他 特 別 利 益	
特 別 損 失 　固 定 資 産 等 処 分 損 　減 損 損 失 　価 格 変 動 準 備 金 繰 入 額 　金 融 商 品 取 引 責 任 準 備 金 繰 入 額 　不 動 産 圧 縮 損 　そ の 他 特 別 損 失	
契 約 者 配 当 準 備 金 繰 入 額 税引前当期純利益（又は税引前当期純損失） 法 人 税 及 び 住 民 税 法 人 税 等 調 整 額 法 人 税 等 合 計 当 期 純 利 益 （ 又 は 当 期 純 損 失 ）	

図表 4 −10　損害保険会社の貸借対照表

（単位：百万円）

科　　　目	金　額	科　　　目	金　額
（ 資 産 の 部 ）		（ 負 債 の 部 ）	
現 金 及 び 預 貯 金		保 険 契 約 準 備 金	
現 金		支 払 備 金	
預 貯 金		責 任 準 備 金	
コ ー ル ロ ー ン		短 期 社 債	
買 現 先 勘 定		社 債	
債券貸借取引支払保証金		新 株 予 約 権 付 社 債	
買 入 金 銭 債 権		そ の 他 負 債	
商 品 有 価 証 券		共 同 保 険 借	
金 銭 の 信 託		再 保 険 借	

科　　目	金　額	科　　目	金　額
有　価　証　券		外　国　再　保　険　借	
国　　　　　債		代　理　業　務　借	
地　　方　　債		売　現　先　勘　定	
社　　　　　債		債券貸借取引受入担保金	
株　　　　　式		借　　入　　金	
外　国　証　券		未　払　法　人　税　等	
その他の証券		預　　　り　　　金	
貸　　付　　金		前　受　収　益	
保　険　約　款　貸　付		未　　　払　　　金	
一　　般　　貸　　付		仮　　受　　金	
有　形　固　定　資　産		先物取引受入証拠金	
土　　　　　地		先　物　取　引　差　金　勘　定	
建　　　　　物		借　入　有　価　証　券	
リ　ー　ス　資　産		売　付　有　価　証　券	
建　設　仮　勘　定		金　融　派　生　商　品	
その他の有形固定資産		金融商品等受入担保金	
無　形　固　定　資　産		リ　ー　ス　債　務	
ソ　フ　ト　ウ　ェ　ア		資　産　除　去　債　務	
の　　　れ　　　ん		そ　の　他　の　負　債	
リ　ー　ス　資　産		退　職　給　付　引　当　金	
その他の無形固定資産		役　員　退　職　慰　労　引　当　金	
そ　の　他　資　産		価　格　変　動　準　備　金	
未　収　保　険　料		金融商品取引責任準備金	
代　　理　　店　　貸		繰　延　税　金　負　債	
外　国　代　理　店　貸		再評価に係る繰延税金負債	
共　同　保　険　貸		支　　払　　承　　諾	
再　　保　　険　　貸		負債の部　合計	
外　国　再　保　険　貸		（　純　資　産　の　部　）	
代　理　業　務　貸		資　　　本　　　金	
未　　　収　　　金		新　株　式　申　込　証　拠　金	
未　　収　　収　　益		資　本　剰　余　金	
預　　託　　金		資　本　準　備　金	
地　震　保　険　預　託　金		その他資本剰余金	
仮　　払　　金		利　益　剰　余　金	
先　物　取　引　差　入　証　拠　金		利　益　準　備　金	
先　物　取　引　差　金　勘　定		その他利益剰余金	

科　　目	金　額	科　　目	金　額
保　管　有　価　証　券		○　○　積　立　金	△
金　融　派　生　商　品		繰　越　利　益　剰　余　金	
金融商品等差入担保金		自　　己　　株　　式	
リ　ー　ス　投　資　資　産		自　己　株　式　申　込　証　拠　金	
そ　の　他　の　資　産		株　主　資　本　合　計	
前　払　年　金　費　用		その他有価証券評価差額金	
繰　延　税　金　資　産		繰　延　ヘ　ッ　ジ　損　益	
再評価に係る繰延税金資産	△	土　地　再　評　価　差　額　金	
支　払　承　諾　見　返		評　価・換　算　差　額　等　合　計	
貸　倒　引　当　金		新　株　予　約　権	
		純資産の部　合計	
資　産　の　部　合　計		負債及び純資産の部合計	

図表4－11　損害保険会社の損益計算書　　　　　　　　　（単位：百万円）

科　　　　　目	金　　　額
経　常　収　益	
保　　険　　引　　受　　収　　益	
正　味　収　入　保　険　料	
収　入　積　立　保　険　料	
積　立　保　険　料　等　運　用　益	
為　　　　替　　　　差　　　　益	
そ　の　他　保　険　引　受　収　益	
資　　産　　運　　用　　収　　益	
利　息　及　び　配　当　金　収　入	
商　品　有　価　証　券　運　用　益	
金　銭　の　信　託　運　用　益	
売　買　目　的　有　価　証　券　運　用　益	
有　　価　　証　　券　　売　　却　　益	
有　　価　　証　　券　　償　　還　　益	
金　融　派　生　商　品　収　益	
為　　　　替　　　　差　　　　益	
そ　の　他　運　用　収　益	
積　立　保　険　料　等　運　用　益　振　替	

科　　　　　目	金　　額
そ　の　他　経　常　収　益	
経　常　費　用 　保　　険　　引　　受　　費　　用 　　正　味　支　払　保　険　金 　　損　　害　　調　　査　　費 　　諸　手　数　料　及　び　集　金　費 　　満　　期　　返　　戻　　金 　　契　　約　　者　　配　　当　　金 　　支　払　備　金　繰　入　額 　　責　任　準　備　金　繰　入　額 　　為　　　　替　　　　差　　　　損 　　そ　の　他　保　険　引　受　費　用 　資　　産　　運　　用　　費　　用 　　商　品　有　価　証　券　運　用　損 　　金　銭　の　信　託　運　用　損 　　売　買　目　的　有　価　証　券　運　用　損 　　有　価　証　券　売　却　損 　　有　価　証　券　評　価　損 　　有　価　証　券　償　還　損 　　金　融　派　生　商　品　費　用 　　為　　　　替　　　　差　　　　損 　　そ　の　他　運　用　費　用 　営　業　費　及　び　一　般　管　理　費 　そ　　の　　他　　経　　常　　費　　用 　　支　　払　　利　　息 　　貸　倒　引　当　金　繰　入　額 　　貸　　倒　　損　　失 　　そ　の　他　の　経　常　費　用	
経　常　利　益（又　は　経　常　損　失）	
特　別　利　益 　　固　定　資　産　処　分　益 　　負　の　の　れ　ん　発　生　益 　　保　険　業　法　第　112　条　評　価　益 　　そ　の　他　特　別　利　益	
特　別　損　失	

科　　　　　　目	金　　　額
固　定　資　産　処　分　損 減　　　損　　　損　　　失 価格変動準備金繰入額 金融商品取引責任準備金繰入額 不　　動　　産　　圧　　縮　　損 そ　の　他　特　別　損　失	
税引前当期純利益（又は税引前当期純損失） 法　人　税　及　び　住　民　税 法　人　税　等　調　整　額 法　人　税　等　合　計 当　期　純　利　益（又　は　当　期　純　損　失）	

図表4−12　少額短期保険業者の貸借対照表

（単位：百万円）

科　　　目	金　額	科　　　目	金　額
（　資　産　の　部　）		（　負　債　の　部　）	
現　金　及　び　預　貯　金		保　険　契　約　準　備　金	
現　　　　　　　　金		支　　払　　備　　金	
預　　　貯　　　金		責　任　準　備　金	
有　　価　　証　　券		代　　理　　店　　借	
国　　　　　　　　債		再　　保　　険　　借	
地　　　方　　　債		短　　期　　社　　債	
そ　の　他　の　証　券		社　　　　　　　　債	
有　形　固　定　資　産		新　株　予　約　権　付　社　債	
土　　　　　　　　地		そ　　の　　他　　負　　債	
建　　　　　　　　物		借　　　　入　　　　金	
リ　ー　ス　資　産		未　払　法　人　税　等	
建　設　仮　勘　定		未　　　　払　　　　金	
その他の有形固定資産		未　　払　　費　　用	
無　形　固　定　資　産		前　　受　　収　　益	
ソ　フ　ト　ウ　ェ　ア		預　　　　り　　　　金	
の　　　れ　　　ん		リ　ー　ス　債　務	
リ　ー　ス　資　産		資　産　除　去　債　務	
その他の無形固定資産		仮　　　受　　　金	

科　　　　目	金　額	科　　　　目	金　額
代　理　店　貸		そ　の　他　の　負　債	
再　保　険　貸		退　職　給　付　引　当　金	
そ　の　他　資　産		役員退職慰労引当金	
未　　　収　　　金		価　格　変　動　準　備　金	
未　収　保　険　料		繰　延　税　金　負　債	
前　払　費　用		負　債　の　部　合　計	
未　収　収　益		（　純　資　産　の　部　）	
仮　　　払　　　金		資　　　本　　　金	
そ　の　他　の　資　産		新　株　式　申　込　証　拠　金	
前　払　年　金　費　用		資　本　剰　余　金	
繰　延　税　金　資　産		資　本　準　備　金	
供　　　託　　　金		そ　の　他　資　本　剰　余　金	
		利　益　剰　余　金	
		利　益　準　備　金	
		そ　の　他　利　益　剰　余　金	
		○　○　積　立　金	
		繰　越　利　益　剰　余　金	
		自　　己　　株　　式	△
		自　己　株　式　申　込　証　拠　金	
		株　主　資　本　合　計	
		その他有価証券評価差額金	
		繰　延　ヘ　ッ　ジ　損　益	
		土　地　再　評　価　差　額　金	
		評価・換算差額等合計	
		新　株　予　約　権	
		純　資　産　の　部　合　計	
資　産　の　部　合　計		負債及び純資産の部合計	

図表4−13　少額短期保険業者の損益計算書　　　　　　　　（単位：百万円）

科　　　　　　目	金　　額
経　常　収　益	
保　険　料　等　収　入	
保　　　険　　　料	

科　　　　　目	金　　額
再　保　険　収　　入	
回　収　再　保　険　金	
再　保　険　手　数　料	
再　保　険　返　戻　金	
そ　の　他　再　保　険　収　入	
資　産　運　用　収　益	
利　息　及　び　配　当　金　等　収　入	
そ　の　他　運　用　収　益	
そ　の　他　経　常　収　益	
経　常　費　用	
保　険　金　等　支　払　金	
保　　険　　金　　等	
解　約　返　戻　金　等	
契　約　者　配　当　金	
再　　保　　険　　料	
責　任　準　備　金　等　繰　入　額	
支　払　備　金　繰　入　額	
責　任　準　備　金　繰　入　額	
資　産　運　用　費　用	
事　　業　　費	
営　業　費　及　び　一　般　管　理　費	
税　　金	
減　価　償　却　費	
退　職　給　付　引　当　金　繰　入　額	
そ　の　他　経　常　費　用	
経　常　利　益（　又　は　経　常　損　失　）	
特　　別　　利　　益	
負　の　の　れ　ん　発　生　益	
特　　別　　損　　失	
価　格　変　動　準　備　金　繰　入　額	
そ　の　他　特　別　損　失	
契　約　者　配　当　準　備　金　繰　入　額	
税引前当期純利益（又は税引前当期純損失）	
法　人　税　及　び　住　民　税	
法　人　税　等　調　整　額	

科　　　　　　　目	金　　額
法　人　税　等　合　計	
当 期 純 利 益（又 は 当 期 純 損 失）	

　まず目にとまるのは貸借対照表、および損益計算書の表示方法が、他の業種のそれと大きく異なることであろう。具体的には(ｱ)貸借対照表において流動・固定の区分がないこと、(ｲ)損益計算書において営業損益と営業外損益がないこと、および(ｳ)そのかわりとして経常収益が保険料等収入（損保は保険引受収益）、資産運用収益、その他経常収益に区分され、経常費用が保険金等支払金（損保は保険引受費用）、資産運用費用、その他経常費用、事業費（損保の場合は営業費及び一般管理費）等に区分される。

　(ｱ)貸借対照表においては保険契約が在庫やそれに伴う仕入債務がないため、正常営業循環基準に基づく流動・固定分類をする必要性が低いからと解されている[12]。(ｲ)損益計算書においては保険会社が行う業務には法律上の制限があり、保険会社では保険の引受けと資産の運用といった固有業務、固有業務に付随する業務である付随業務、固有業務に付随するものではないが保険会社が行うことが適切であると認められる業務である法定他業[13]しか業として行えず（少額短期保険業では固有業務、付随業務、および少額短期保険業に関連する業務）、営業外損益という概念がなじまないためと推察される。(ｳ)経常収益・経常費用の区分表示については前述のとおり、保険会社の固有業務が保険の引受けと資産の運用に区分されるためである。

　次に、保険業特有の勘定科目であり、貸借対照表の負債の部の大きな割合を占める保険契約準備金について解説する。保険契約準備金は、生保では支払備金、責任準備金、および社員配当準備金[14]から構成され、損保では支払

12　新日本有限責任監査法人編『業種別会計シリーズ　保険業』（第一法規、2011年）170～171頁。
13　安居孝啓著『最新　保険業法の解説〔改訂3版〕』（大成出版社、2016年）286～316頁。
14　相互会社形態をとる生保では社員配当準備金といい、株式会社形態をとる生保では契約者配当準備金という。

備金、責任準備金から構成される。支払備金と責任準備金は、いずれも決算期末時点での将来発生する可能性のある保険金支払債務を負債に見積計上するといったものである。異なる点としては、支払備金が決算期末時点で発生している（であろう）保険金支払債務を負債計上するのに対して、責任準備金は前述したとおり、保険金支払は保険料という金銭の収受からかなり遅れて発生するため、将来の保険金支払に備えて負債計上するものである。すなわちこれらは現金主義である保険料や保険金を発生主義に修正する効果がある。なお、社員配当準備金は保険契約者に剰余金を分配する場合に積み立てるものである。

　支払備金は、普通支払備金および既発生未報告備金（IBNR（Incurred But Not Reported）備金）に分かれる。普通支払備金は決算期末時点において保険金請求が行われている契約について支払保険金を見積計上するのに対して、IBNR備金はいまだ保険金請求は行われていないがおそらく支払事由が発生していると推測される契約について見積計上するものである。

　責任準備金は、生保では保険料積立金、未経過保険料、払戻積立金、危険準備金に分かれ、損保では普通責任準備金、異常危険準備金、危険準備金、払戻積立金、契約者配当準備金等に分かれる。以下それぞれ解説する（契約者配当準備金等は生保の社員配当準備金とほぼ同じ考えのものであるため割愛する）。

　まず、保険料積立金は保険契約に基づく将来の債務の履行（保険金等の支払）に備えるため、保険数理に基づき計算したものである[15]。生保の定期保険（死亡保険）を例にあげて解説すると、死亡率は年齢が高くなると上がっていくものであるため、保険料もそれに伴い上昇する。ただ、そのように死亡率に応じて毎年保険料が上がっていく保険料体系（これを「自然保険料」という）では高齢となり収入が減少したときに保険料が支払えなくなるリスクがある、または保険事務が煩雑になるといった理由から、保険期間を通じて一定の保険料とすることが一般的である（以下「平準保険料」という）。し

15　新日本有限責任監査法人編『業種別会計シリーズ　保険業』（第一法規、2011年）184頁。

図表 4 －14　保険料積立金イメージ

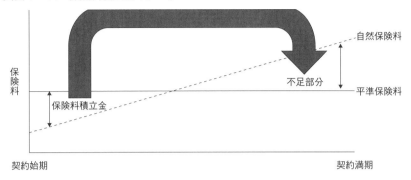

たがって平準保険料の場合、保険期間のうち死亡率の低い前半部分において
は年齢に応じた保険料である自然保険料より高い保険料を支払い、保険会社
はその余剰部分を積み立てておき（さらに運用で増やしておき）、保険期間の
うち死亡率の高い後半部分においてその余剰部分を取り崩して自然保険料と
平準保険料の差額に充てることになる。この差額と事業年度末まで期間に応
じた自然保険料を合算したものが保険料積立金となる（図表 4 －14）。

　保険料積立金はこのように当該事業年度までに経過した期間に見合う保険
料部分に対応するものであるのに対し、未経過保険料は翌事業年度以降の保
険料部分に対応するものである16。保険会計においては前述のとおり、当該
事業年度中に払い込まれた保険料はそれが翌事業年度以降に対応するもので
あっても収益認識するため（現金主義）、未経過部分の保険料を未経過保険
料として積み立てることにより、発生主義に修正するものである。

　次に払戻積立金は保険料または保険料として収受する金銭を運用すること
によって得られる収益の全部または一部の金額の払戻しを約した保険契約に
おいて、当該払戻し部分を積み立てるものである。具体的には積立火災・傷
害保険のような積立保険があげられる。

　危険準備金は通常の予測を超える危険に備える部分を積み立てるものであ

16　年払い、半年払い、月払い、前納等が対象となるが、一時払いは保険料積立金に計上
　する。

図表 4 −15　初年度収支残計算式

+／−	項目
−	当年度勘定保険料
−	当年度勘定再保険料
−	当年度勘定解約返戻金
−	当年度勘定その他返戻金
＋	当年度勘定保険金
＋	当年度勘定再保険返戻金
−	当年度勘定再保険金
−	当年度勘定支払備金（再保険により回収可能相当額を除く）
−	当年度に計上した事業費（再保険手数料控除）
	当年度勘定保険料中払戻しに充てる部分

出典：新日本有限責任監査法人編『業種別会計シリーズ　保険業』（第一法規、2011年）
　　　245〜246頁。

り、実際の保険事故の発生率等が通常の予測を超える保険リスク、予定利率
を実際の運用で確保できない予定利率リスク、保険金額の最低保証をしてい
る変額保険等においてその最低保証額を運用で担保できない最低保証リス
ク、第三分野商品（医療保険、傷害保険等）における前述の保険リスクであ
る第三分野保険の保険リスクの４種類がある。

　次に損保でいう普通責任準備金であるが、これは保険料積立金と未経過保
険料の合計額と初年度収支残のいずれか大きいほうを積み立てるものである
が、ここでは初見である初年度収支残について解説する。初年度収支残は保
険の原則である収支相当の原則[17]に基づき、当該事業年度の保険収支は一致
し、その剰余分は翌年度以降の保険金支払等に充当されるべきとの考え方で
ある。具体的な計算方法は図表４−15のとおりで損益計算書上の経常利益や
当期純利益とは一致しないものの、便宜的には利益を翌事業年度に繰り越し
て計上するというイメージである。

　次に、異常危険準備金は、巨大自然災害のように単年度では大数の法則が
機能しないリスクに対し、複数年度にわたって積み立てて、異常災害が発生

17　収支相当の原則とは、収受した保険料と支払った保険金の総額が等しくなるように保
　　険料を設計する保険業の根幹となる原則のことをいう。

した年度に取り崩すという形態の責任準備金である[18]。

　他業種が少額短期保険業に参入するにあたっては、このように保険業界の構造等を詳細に分析したうえで、保険会社が少額短期保険業に参入するときと同様に外部・内部環境分析を行い、少額短期保険業の特長や新設会社の利点、または本業の強みやシナジーからどのような機会があるかを探索して目的を設定することになる。

イ　意義・目的を実現するための市場やその市場が抱える課題を解決する手段、およびアプローチ方法

　次に、基本計画フェーズの②意義・目的を実現するための市場やその市場が抱える課題を解決する手段（商品）、およびアプローチ方法（チャネル等）について解説したい。少額短期保険業は第2章で述べた小規模事業者規制があることから、一般的に経営資源に余裕があるものではなく、できることは限られている。したがって、①で定めた目的が達成できる市場を特定し、その市場に対して資源を集中的に投下していく必要がある。そのためにはどの市場をターゲットとし、その市場が抱えるニーズを把握したうえで、それに対してどのような商品・サービスを、どのように他社と差別化して提供するかを検討することになる。そのためには市場を細分化し（セグメンテーション）、標的市場を定め（ターゲッティング）、自社の商品やブランドをそのセグメントでどのように位置づけるか（ポジショニング）といった検討が必要となる（図表4－16）。

　セグメンテーションでは①で定めた目的を達成するために、どのような切口で市場を細分化し、その市場が抱える具体的なニーズを検討する。

　セグメンテーションの切口で多く用いられるものは、地域・都市の規模・人口密度・気候といった地理的基準、年齢・性別・世帯構成・所得・職業・ライフステージといった人口動態基準、ライフスタイル・パーソナリティ・社会階層といった心理的基準、購買状況（認知しているか／情報をもっているか／関心があるか等）・ベネフィット（革新的な志向をもっているか／低価格志

18　新日本有限責任監査法人編『業種別会計シリーズ　保険業』（第一法規、2011年）248〜251頁。

図表4-16 市場細分化方法

	セグメンテーション	ターゲティング	ポジショニング
目的	特定の基準により市場を細分化し、それぞれがもつニーズを理解／視覚化	単一セグメント、選択的専門化、商品専門化、市場専門化の4つのパターンから適切な方針を選択	ポジショニングマップ／戦略キャンバス等を作成し、新少短の競争優位を確立することを検討
ポイント	・様々なクライテリアを組み合わせることで、最適な基準を特定することができるか？ ・細分化された市場（顧客）が真に求めているニーズを特定できるか？	・市場規模、意義実現可能性、自社グループの強みを完全に分析できるか？	・顧客ニーズと競合他社商品を分析し、ブランドや規模も含めた差別化ポイントの有無を発見できるか？ ・アンダーポジショニング等の失敗を引き起こさないように適切なポジショニングを策定できるか？

向があるか／利便性を重視するか等）・サービス利用タイプ（潜在ユーザーか／ヘビーユーザーか等）・ロイヤルティといった行動基準があげられる[19]。少額短期保険業では人口動態基準と行動基準（特にベネフィット基準）の組合せで市場を細分化することが多い（図表4-17）。

　また、細分化した市場は、①で定めた目的にとって価値のある市場かどうかを判別するために、次の基準を満たす必要があるといわれている。それは、セグメント化した市場において資源投下したレスポンスが把握・分析可能かといった測定可能性、マーケティング活動が効果的に消費者に影響を与えることができるかといった到達可能性、セグメント化した市場が事業継続できるだけの十分な利益をもたらすかといった事業継続性、セグメント化した市場がマーケティング活動により反応が異なるかといった差別化可能性、およびセグメント化した市場が自社のリソースを用いて効果的なマーケティングができるかといった実現可能性である（図表4-18）。

　ただし、既存市場についてはこれらの基準によってセグメントの切口を選定することは可能であるが、第3章で述べた無消費市場についてはそもそも

19　フィリップ・コトラー＝ゲイリー・アームストロング著／和田充夫訳『マーケティング原理〔第9版〕』（ダイヤモンド社、2009年）297～309頁。

図表 4 −17　セグメンテーションの切口（例）

切口		例
地理		地域、都市の規模、人口密度、気候
人口動態		年齢、性別、世帯構成、所得、職業、ライフステージ
心理的		ライフスタイル、パーソナリティ、社会階層
行動変数	購買状況	認知せず、認知あり、情報あり、関心あり、購入希望あり、購入意図あり
	ベネフィット	志向（革新性）、経済性（低価格）、利便性（オンデマンド）等
	サービス利用者のタイプ	非ユーザー、潜在ユーザー、レギュラーユーザー
	サービス利用率	ライトユーザー、ミドルユーザー、ヘビーユーザー
	ロイヤルティ	なし、中程度、強い、絶対的

　現時点で市場が存在しないため、「測定可能性があるか」や「事業継続性があるか」といったことを把握することは不可能である。そのため①で定めた目的を達成するために無消費市場に取り組む場合はこれらの基準にこだわらず市場を細分化する必要がある。

　次にその市場のニーズを探索していく。その調査方法にはデスクトップによる情報収集から、調査目的に沿ったかたちで調査項目を設計するアンケート、インタビュー、ペルソナアプローチ、行動観察といったものまで様々であるが、新規事業においての成功率を高めるためには幅広く実施すべきだろう。また、最近ではネット社会の発展に伴って、ネットを活用して効率的に市場調査をする方法が活用されてきている。具体的にはソーシャル・メディアやオンライン・コミュニティでどのようなことが語られているかを積極的

図表 4 −18　セグメント基準に必要な条件

測定可能性	セグメント化した市場において、情報把握・分析が可能か
到達可能性	マーケティング活動が効果的に消費者へ届けられるか
事業継続性	対象市場が事業継続のために十分な収益があげられるか
差別化可能性	セグメント化された市場がマーケティング活動により反応が異なるか
実現可能性	対象市場が自社のリソースを用いて効果的なマーケティングができるか

にモニタリングする方法であるソーシャル・リスニング、オンライン・コミュニティに入り込み、そのなかでコミュニティの他の参加者に対する共感を深めるネスノグラフィー、およびネスノグラフィーをさらに深化させた共感的リサーチがあげられる[20]。これらの調査を通じて、その市場が真に解決したいニーズを探索し、それらを解決する商品・サービスの検討を行っていく。

ウ　テクノロジーの活用（Insurtech）

　われわれのライフスタイルや働き方、価値観等が変化し、ニーズが多様化していることは前述のとおりである。こうした社会的背景を受け、従来マスマーケット向けには開発・提供されていなかったようなニッチな領域やパーソナライズ化された商品・サービスのニーズの高まりに応えるため、少額短期保険業を活用するのも有効な手段の１つであろう。その他、マーケットにおけるメインターゲットであろうミレニアル世代やZ世代等、デジタルが生

---

[20]　フィリップ・コトラー＝ヘルマワン・カルタジャヤ＝イワン・セティアワン著／恩藏直人監訳・藤井清美訳『コトラーのマーケティング4.0』（朝日新聞出版、2017年）164〜170頁。

活の一部になっている消費者へアプローチするためには、従来の手法を見直す必要があることから、デジタル活用のニーズも高まっている。

　保険業界でもデジタル活用がいわれて久しく、Insurtech（インシュアテック）というワードも定着したように思える。Insurtechとは、保険（インシュアランス）とIT（テクノロジー）の融合を意味する造語だ。デジタルを活用した保険商品・サービスはもちろん、新たなオペレーションシステムの導入や刷新による業務効率化を図ることも総じてInsurtechの取組みに含まれるだろう。第3章のマーケティングやサンドボックス制度の項目で紹介した、LINE経由で保険をプレゼントできる仕組みや必要手続がオンラインで完結する商品、一定条件をトリガーとして自動で保険金を支払う商品等もInsurtechの事例といえよう。

　大手保険会社は自社内での取組みに加え、スタートアップや保険会社以外の他業種との提携・買収等によりデジタル活用を進める動きもみられている。こうした動きは今後も継続すると思われ、デジタル活用によりこれまで以上に消費者のニーズに寄り添った商品・サービスが登場するであろう。

エ　海外での特定領域に特化した保険商品事例

　第1章および第3章では、主に国内における様々な領域に特化した少額短期保険を紹介してきたが、ここでは海外にも目を向けてみたい。海外では、少額短期保険という制度設計ではないものの、デジタルを活用し、ロングテール／ローエンドマーケット向けにニッチかつ低廉な商品を提供したり、既存にはない新たな顧客ニーズに対して、P2P保険やオンデマンド等の新たなビジネスモデルに対応した商品を提供したりと、幅広い顧客のニーズに応えている事例が数多くある。国内では見当たらないユニークな商品も多数あり、本章では一例ではあるが以下の4分類における特徴的な商品を紹介する（図表4-19～4-23）。

① 　生命保険、医療保険

② 　損害保険

③ 　中小企業向け保険

④ 　P2P保険、オンデマンド、シェアリング向け保険商品

図表4－19　海外における特徴的な商品のラインアップ

| ニッチ／低廉な商品 | 新たなビジネスモデル |

1	2	3	4	
生命保険・医療保険	損害保険	中小企業・フリーランサー向け保険	P2P保険	オンデマンド・シェアリング向け保険

ロングテール・ローエンドの顧客ニーズに応えるために、リスクを細分化したニッチな商品や補償範囲を限定したシンプルな商品を低廉な価格で提供

新たな顧客ニーズに対し、従来にないビジネスモデルによる保険商品を提供

図表4－20　ニッチ／低廉な保険商品（生命保険・医療保険等）の例

会社名	商品名／説明	保険料(注1)	概要	想定顧客
ZhongAn Online P&C Insurance Co Ltd.（中国）	疫苗意外综合保（ワクチンの予防接種による不良反応等向け保険)(注2)	39元／年（約655円）～	・新型コロナウイルス感染症を含む、予防接種による不良反応等を保障 ・予防接種により生じた医療費や障害等を対象	個人
ZhongAn Online P&C Insurance Co Ltd.（中国）	手足口病疾病险（手足口病保険(注3))	12元／年（約201円）	・0～17歳を対象に手足口病による入院・合併症を保障 ・最大9万元（約151万円）を保障	0～17歳の子供をもつ親

会社名	商品名／説明	保険料	概要	想定顧客
Ping An Insurance (Group) Company of China, Ltd. (中国)	抗癌特薬保険（抗がん剤費用保険(注4)）	29元～248元／年（約487円～約4,166円）	・17種類の抗がん剤（卵巣がん、乳腺がん、肺がん等向け）を利用した治療費を保障 ・最大保険金額は150万元（約2,520万円）	個人
Ladder （アメリカ）	N/A（オンラインで加入可能な生命保険）(注5)	5ドル／月（約546円）～年齢や性別、保障期間によって異なる	・スマートフォンから5分程度で加入できる生命保険サービスを提供 ・保険期間は10、15、20、25、30年から選択	個人（特に若年層）

（2021年5月現在、発売されていない商品も含む）
注1：1元＝16.8円、1米ドル＝109.3円で計算、2021年5月2日現在。
注2：AliPayアプリ内の衆安保険ページ。
注3：同社アプリ。
注4：同社アプリ。
注5：Ladderウェブサイト。

図表4－21　ニッチ／低廉な保険商品（損害保険等）の例

会社名	商品名／説明	保険料(注1)	概要	想定顧客
ZhongAn Online P&C Insurance Co Ltd. (中国)	机场延误险（フライト遅延保険(注2)）	5元／フライト（約84円）	・離陸の40分前まで、スマートフォンから簡単に加入可能 ・ブロックチェーンを活用することにより、フライト遅延時に自動的に保険金を電子マネーで支給 ・フライトが1分遅延するごとに保険金を支給（上限有）	航空機の搭乗者

会社名	商品名／説明	保険料	概要	想定顧客
ZhongAn Online P&C Insurance Co Ltd. （中国）	37度高温険（37度高温保険(注3)）	10元 （約168円）	・夏季に都市部の気温が一定日数継続して37度以上となった場合に保険金を支給 ・保険金は1日5元で、最大100元まで受け取ることが可能	30大都市（北京、上海、広州等）の居住者
Swiss Re Corporate Solutions （アメリカ）	HAIL （雹〈ひょう〉保険）（注4）	N／A	・雹のパラメトリック保険「HAIL」を販売 ・顧客の位置情報および降った雹の大きさにより保険金を支給	法人等
ARTE Generali （ドイツ他）	美術品保険(注5)	N／A	・美術品保険を提供 ・美術品の遠隔評価サービス（アプリを通じ写真や文書を専門家が遠隔で評価を実施）も有 ・作品のクリーニング、専門家の検索、美術品の保管サービスもアプリに追加予定	美術品コレクター等
Hippo （注6） （アメリカ）	ホームオーナーズ保険(注7)	N／A	・オンライン上で4つの質問に答えるだけで最短60秒以内に見積り、5分で保険加入可能 ・スマートホームデバイスを無償で提供し、デバイスの種類に応じて割引等も提供	個人

注1：1元＝16.8円、1米ドル＝109.3円で計算、2021年5月2日現在。
注2：同社アプリ等。
注3：Huize，众安保険首推37度高温険。
注4：Swiss Re Corporate Solutions，HAILウェブサイト。
注5：ARTE Generaliウェブサイト（https://artegenerali.com/）。
注6：同社はManaging General Agent（MGA，総代理店）。
注7：Hippoウェブサイト（https://www.hippo.com/）。

図表4−22　中小企業／フリーランサー・ギグワーカー向け保険商品の例

会社名	商品名／説明	保険料(注1)	概要	想定顧客
Dinghy （イギリス）	専門職賠償責任保険(注2)	30ペンス〜／日（約45円）	・オンデマンドのフリーランサー向け保険を提供 ・家庭教師や自営業等、幅広い職種向けの商品を提供	フリーランサー、ギグワーカー等
Beam Dental （アメリカ）	歯科保険(注3)	N／A	・歯科に特化した補償を提供 ・Bluetooth内蔵の電動歯ブラシを加入者に提供し、歯磨きの頻度等に応じて割引を提供	中小企業の従業員

注1：1ポンド＝151.0円で計算、2021年5月2日現在。
注2：Insurance Journal UK，Allianz UK taps Dinghy for freelancer offering，Dinghy ウェブサイト。
注3：Beam Dentalウェブサイト。

図表4−23　P2P保険商品、オンデマンド、シェアリング向け商品の例

会社名	商品名／説明	保険料(注1)	概要	想定顧客
Lemonade （アメリカ）	借家人保険、ホームオーナー保険、ペット保険等(注2)	5ドル〜／月（約546円）	・グループ単位で家財やペットを対象とするP2P保険を提供 ・保険金はプールされたグループメンバーの保険料から支給 ・余剰金が発生した場合は、社会課題解決に取り組む団体に寄付される／顧客に返戻される ・保険加入や保険金支払の手続はAI Chatbotが対応	個人

会社名	商品名／説明	保険料	概要	想定顧客
Trov（アメリカ）	オンデマンド型動産総合保険等(注3)	自由に設定可能（数十円～百数十円程度）	・腕時計や電化製品等、個人の所有物を対象としたオンデマンド保険を提供 ・自社開発スマートフォンアプリで、顧客が保有する電化製品のモデル等の情報を登録し、必要なときに必要な期間だけ保険加入可能 ・損害保険ジャパン株式会社等とともに日本でも事業を展開(注4)	個人
Slice（アメリカ）	ホームシェア保険、ライドシェア保険(注5)	平均7ドル／泊（約765円）	・ホームシェアオーナーやライドシェアの運転手向けに、必要な期間だけ加入できる保険を提供 ・例：ホームシェアオーナー保険 　➤ゲストの滞在期間のみ保険に加入可能 　➤家財・建物の破損、賠償責任、ゲストの事故等を補償 ・同社はオンデマンド保険クラウドプラットフォームを提供しており、保険引受はGREAT LAKES INSURANCE社等	ホームオーナー、ライドシェア運転手等

注1：1米ドル＝109.3円で計算、2021年5月2日現在。
注2：Lemonadeウェブサイト（https://www.lemonade.com/）。
注3：Trovウェブサイト（https://www.trov.com/）等。
注4：損害保険ジャパン株式会社、プレスリリース（2019年3月29日）。
注5：Sliceウェブサイト、Slice、Homeshare Business Insurance POLICY。

市場の細分化およびそのニーズが把握できたら、次にターゲット市場を選定していく。ターゲティングのパターンとしては、全市場へ単一商品を投入する全方位単一型、全市場それぞれのニーズにあった異なる商品を投入する全方位差別化型、集中型の3パターンがある。前述したとおり少額短期保険業は経営資源に限りがあるので全方位単一型や全方位差別化型のパターンを選択することは現実的ではないため、集中型を選択するべきだと考える。集中型はさらに4つのパターンに分かれる。それは異なる市場に異なる商品・サービスを投入する目的フォーカス型、単一市場に異なる商品・サービスを投入する市場フォーカス型、単一商品を異なる市場に投入する商品フォーカス型、単一商品を単一市場に投入するピンポイント型である。これらのうちどれを選択するかについては①で定めた事業目的によって決定される（図表4 –24）。

　ターゲティングが完了し、その市場に競争環境がある場合はセグメンテーションで調査した市場が抱えるニーズ（顧客が重視する点）と競合他社のサービスポイントを可視化することで、差別化するポイントを明らかにして最適なポジショニングを設定していく。可視化するうえではポジショニングマップや戦略キャンバスを活用するとイメージしやすいだろう（図表4 –25）。

　なお差別化ポイントとしては重要性、優位性、差異性、伝達性、先制性、模倣困難性、収益性等があげられる（図表4 –26）。

オ　目的を実現するための事務・システム領域の選定

　ここまでプランニングできたら、③それらを実現するための事務・システム領域の選定やその基本方針を定めることになるが、基本計画段階ではバリューチェーンからそれぞれの事務プロセスの概要を策定し、どこを競争の源泉とするか、またはしないかの検討を行う。さらに競争の源泉としないプロセスは徹底的にアウトソースの検討を行い、そのアウトソースベンダーリストの作成を行う。またシステムについても必要となる機能の洗い出しを行い、事務同様にベンダーのロングリストの作成を行う。

カ　概算「財務三表」およびマスタースケジュールの作成

　基本計画策定フェーズの最後では概算の貸借対照表（B／S）、損益計算書

図表4-24 ターゲティングのパターン

得意分野		パターン	イメージ ── (P：商品、M：市場)	概要・具体例	
少短の得意分野	集中型	目的フォーカス型	M1 M2 M3 / P1 P2 P3	事業目的を起点に、各市場に異なる商品を投入　例：Mysurance	Mysurance株式会社
		市場フォーカス型	M1 M2 M3 / P1 P2 P3	ターゲット市場に対して異なる商品を投入　例：第一スマート	第一スマート少額短期保険株式会社
		商品フォーカス型	M1 M2 M3 / P1 P2 P3	単一商品を異なる市場へ投入　例：ミカタ少短（旧プリベント少短）の弁護士費用保険	ミカタ少額短期保険株式会社
		ピンポイント型	M1 M2 M3 / P1 P2 P3	単一商品を特定市場へ投入　例：ABC少短（旧日本費用補償少短）費用保険（登山者のみにフォーカス）	ABC少額短期保険株式会社
保険会社の得意分野		全方位単一型	M1 M2 M3 / P1 P2 P3	全市場へ単一商品を投入	大手保険会社
		全方位差別化型	M1 M2 M3 / P1 P2 P3	全市場それぞれに異なる商品を投入	大手保険会社

図表4−25　ポジショニングマップ／戦略キャンバス

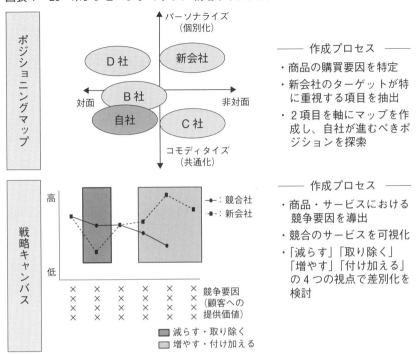

図表4−26　差別化ポイント（例）

差別化要素例	概要
重要性	対象顧客への高価値ベネフィットを提供すること ※絶対的な尺度
優位性	類似商品や代替品とを比較した際の優位性で差別化を実現 ※相対的尺度
差異性	競合他社とは異なる点を強調し、差別化を実現 ※サービスを取り除くなど、必ずしも重要性や優位性を意味しない
伝達性	対象市場に自社の特長を伝達することで差別化を実現
先制性	顧客との多様な接点設計で差別化を実現
模倣困難性	経営資源や技術的に競合他社が真似ができない強みで差別化を実現
収益性	競合他社との利益率で差別化を実現

（P／L）、およびキャッシュフロー計算書（C／F）といった財務三表の作成、今後の実行計画策定フェーズおよび開業までの実行フェーズのマスタースケジュール（および必要となる予算・リソース）の作成を行う。財務三表では事業継続可能性を損益計算書およびC／F観点で検証するとともに、必要となる出資額をC／Fおよび貸借対照表の観点から算出することになる。ここで必要となる出資額の算出になぜ貸借対照表が必要となるかというと、将来的に健全性基準をクリアできる水準にソルベンシー・マージンが担保できているかを検証するためである。

(2)　詳細計画フェーズ

　これら基本計画を策定しマネジメントの承認を得たら詳細計画に移行していく。詳細計画フェーズでは、基本計画で検討した提供商品・事務サービス・マーケティング等の詳細化を行ったうえで、実行フェーズにてやるべきタスクを洗い出し、スケジュールや必要となるリソースの精緻化を行うとともに、システムの要件定義・RFP（Request For Proposal）作成を行う等実行フェーズに移行する準備を行う。あわせて、当局対応書類の作成を同時並行で行っていく。また新規事業立上げのような大型プロジェクトは、多種多様な業務やステークホルダーにより依存関係が複雑になるため、実行フェーズにおけるPMO（Project Management Office）機能の強化がスケジュール遅延やプロジェクト失敗の防止に寄与する。

　詳細計画フェーズでは、このPMO立上げに向けた準備も行う必要があるため、プロジェクトマネジメントの知識や手法を体系化したPMBOKガイドを参照されたい。本書において詳細な説明は割愛するが、2021年に出版されたPMBOKガイド第7版[21]は、プロジェクトマネジメントの12個の原理・原則と、プロジェクトの成果を効果的に達成するために重要な8個のプロジェクト・パフォーマンス領域を示している（図表4-27）。

21　Project Management Institute著／一般社団法人PMI日本支部監訳『プロジェクトマネジメント知識体系ガイドPMBOK®ガイド第7版+プロジェクトマネジメント標準』（一般社団法人PMI日本支部、2021年）x頁。

図表4−27 プロジェクトマネジメントの原理・原則とプロジェクト・パフォーマンス領域

プロジェクトマネジメントの原理・原則

1．勤勉で、敬意を払い、面倒見のよいスチュワードであること
2．協働的なプロジェクト・チーム環境を構築すること
3．ステークホルダーと効果的にかかわること
4．価値に焦点を当てること
5．システムの相互作用を認識し、評価し、対応すること
6．リーダーシップを示すこと
7．状況に基づいてテーラリングすること
8．プロセスと成果物に品質を組み込むこと
9．複雑さに対処すること
10．リスク対応を最適化すること
11．適応力と回復力をもつこと
12．想定した将来の状態を達成するために変革できるようにすること

プロジェクト・パフォーマンス領域

1．ステークホルダー・パフォーマンス領域
2．チーム・パフォーマンス領域
3．開発アプローチとライフサイクル・パフォーマンス領域
4．計画パフォーマンス領域
5．プロジェクト作業パフォーマンス領域
6．デリバリー・パフォーマンス領域
7．測定パフォーマンス領域
8．不確かさパフォーマンス領域

ただし、実際のプロジェクトでは、組織やプロジェクトの状況に応じて、すべてのアプローチが必要とは限らないため、取捨選択すべきである。PMBOKガイド第6版でも「テーラリング（プロジェクトマネジメントのアプローチの基準を独自の状況・タスクに適合するよう調整・適応させること）」の重要性は説かれていたが、第7版から専用の項目が設けられ、より強調されている。次にプロジェクト運営を効率よく行うためのツールを紹介する。

ア　プロジェクト憲章（プロジェクトチャーター）

　プロジェクト憲章とは、そのプロジェクトの存在を組織として正式に認可する文書でかつそのプロジェクトでの決まりごとを組織において正式に合意した文書である。プロジェクトにおいてこのプロジェクト憲章がないと、時の経過とともにプロジェクトの目的やゴールが様々な人の思い込み等により当初のものと大きく離れて結局何をやろうとしていたのかわからなくなる、現業が忙しくなると責任をもたない評論家が多くなり作業が遅延するといった不具合が生じてしまう。プロジェクトが失敗に終わる、もしくは、そこまでいかなくてもスケジュールが遅延するといった事態を回避するためにも、しっかりとプロジェクト憲章を作成したうえで、社内のステークホルダーと経営会議等の正式な場で合意しておく必要がある。具体的にはプロジェクトの目的とゴール、プロジェクトが対象とする範囲、前提や制約条件、マスタースケジュール、予算、想定されるリスクやその影響およびその軽減策、プロジェクト体制図と各メンバーの役割責任、意思決定プロセス（会議体の権限と責任）等を規定するものである。

イ　WBSおよびアクティビティリスト

　WBS（Work Breakdown Structure）とは、プロジェクトの成果物や作業を因数分解してわかりやすくしたもので、それをさらに詳細な作業手順に落とし込んだものがアクティビティリストである。アクティビティリストにおいては必要となる期間や各アクティビティ間の依存関係、責任者等を記載し、進捗管理をするものである。

ウ　Issue Log

Issue Logとは、プロジェクトを実行している間に明らかになった課題を記載し、その対応責任者を記載し管理するものである。

エ　Risk Log

Risk Logとは、プロジェクトを実行している間に明らかになったリスク、その影響度、およびその軽減策を記載し管理するものである。

オ　To Do Log

To Do Logとは、各会議体において指示された事項をまとめて記載し管理するものである。

(3)　開業に向けて必要となる主な検討・対応事項
　　（実行フェーズでの主な実施・検討事項）

ア　開業に向けて必要となる法的手続

少額短期保険業開業に向けては一般的に少額短期保険業設立準備会社を設立し、その間に商品開発や事務設計、システム設計等の準備を行い、少額短期保険業登録申請を経て登録および営業開始となることから、ここでは準備会社設立から少額短期保険業の営業開始までの保険業法に係る法的手続を解説する。

まず少額短期保険業設立準備会社に係る保険業法的手続としては、保険会社や銀行のような法律による規制が特にない他業種においては、必要となる手続は存在しない[22]。一方で、保険会社においては保険業法で子会社の範囲が規制されていることから手続が必要となる。保険業法においては保険会社の子会社設立は原則認可事項であるが、設立準備会社については金融関連業務を営む会社、かつ当該保険会社の営む業務のためにその業務を営んでいる会社と解されるため、届出で足りる（保険業法106条4項）。

次に少額短期保険業者登録に向けて必要となる法的書面は第2章で解説したとおりではあるが、実務上は事業計画書に基づき少額短期保険業者の本店

22　ただし保険業と同様の許認可事業を営んでいる会社において、法令等で子会社を保有することになんらかの規制が存在する場合はこの限りではない。

登録予定地を管轄する財務局（または財務支局）と折衝することが多いために、参考までに事業計画書の記載項目を記載する（図表4-28）。

イ　事業体の設計

　実際に少額短期保険業を行う会社をつくるにあたって検討すべき事項について解説していく。

　体制・態勢整備にあたっては、「少額短期保険業者向けの監督指針」に基づいて構築していくことになると思うが、新規事業は会社という箱だけつくってもうまくいかないことが多い。あくまでも会社は自然人の集合体であるので、それらを動かすために組織構造や戦略といったハードの部分だけではなく、価値観や企業文化といった目にみえないソフトの部分についても詳細に設計する必要があるからである[23]。保険会社が少額短期保険業に進出する際は少額短期保険業者向けの監督指針の中身を十分に吟味し、過度な体制[24]・態勢にならないよう留意する必要がある。

　なお、態勢整備を行ううえで参考とすべき監督指針における評価項目に関して、保険事業者と少額短期保険事業者の異同について簡単に触れておく。図表4-29から視覚的にわかることは「保険会社向けの総合的な監督指針」で記載のある「統合的リスク管理態勢」が「少額短期保険業者向けの監督指針」には存在せず、再保険に関するリスク管理や事務リスク管理態勢といった個別リスクが、それぞれ財務の健全性や業務の適切性に記載されている点である。

　それではソフトとハードには、それぞれどのような要素があるのであろうか。戦略コンサルティングファームであるMcKinsey&Companyが提唱する

---

[23]　「ひとに対する配慮なくして良い機構等というものは考えられないし、逆もまた真なのである 」トム・ピーターズ＝ロバート・ウォーターマン著／大前研一訳『エクセレント・カンパニー』（英治出版、2003年）43頁。

[24]　特に組織や要員数といったことを意味する体制については、「少額短期保険業者向けの監督指針」の「I-2　監督指針策定の趣旨」(3)において、「特に体制面の着眼点において総合指針を準用している場合、事業者の事情にあわせて、小規模な事業者である場合は、必ずしも独立した部署の設立を求めるものではないよう実情に応じて判断することとする」とあり、けん制機能が働く限りにおいてはコンパクトな設計でも十分と考えられる。

図表 4 －28　事業計画書記載項目（例）

1　会社概要	6　損害調査
（1）　会社名	（1）　基本的な考え方
（2）　本店及び事務所の所在地	（2）　損害調査拠点
（3）　会社設立時期	（3）　損害調査要員
（4）　営業開始時期	（4）　損害調査活動の基本姿勢
（5）　資本金	（5）　損害調査の流れ
（6）　株主構成	（6）　適正な保険金支払
2　会社組織及び運営	（7）　損害調査サービスの提供
（1）　組織	（8）　損害調査要員の教育
（2）　経営陣	（9）　業務運営
（3）　使用人	7　資産運用
（4）　保険業務精通の状況	（1）　基本的な考え方
（5）　5年間の要員計画	（2）　資産運用・管理体制
（6）　反社会的勢力排除体制	8　事務・システム
3　販売予定商品	（1）　基本的な考え方
（1）　基本的な考え方	（2）　事務・システム体制
（2）　販売予定商品	9　人事管理
4　保険募集	（1）　基本的な考え方
（1）　基本的な考え方	（2）　人事諸制度及び人事管理体制
（2）　販売市場	10　経営管理
（3）　コールセンターの内容と規模	（1）　基本的な考え方
（4）　コールセンターの管理・教育体制	（2）　経営管理体制
	（3）　経営会議体
（5）　営業時間	（4）　経営計画
（6）　将来展開	11　内部監査
5　契約引受	（1）　基本的な考え方
（1）　基本的な考え方	（2）　内部監査体制
（2）　危険選択	12　事業収支計画
（3）　引受基準	（1）　5年間の主要財務計画書
（4）　損害率変動リスクへの備え	（2）　収支計画の諸条件及び算出根拠

出典：金融庁「保険会社向けの総合的な監督指針（別冊）（少額短期保険業者向けの監督指針）」別紙様式　Ⅰ-44　事業計画書記載項目（例）。

7つのS（7S）といったフレームワークが参考になる。7Sとは、組織づくりにおいて互いに切り離せない関係にある7つの変数の頭文字をとったものであり、その変数とは、Shared Value（共通価値観・理念）、Style（マネジメントスタイル経営スタイル企業文化）、Staff（人材）、Skill（企業のケイパビリティ）、Strategy（戦略）、Structure（組織構造）、System（システム）のことであ

図表4-29　監督指針評価項目の異同

保険会社向けの総合的な監督指針 （保険監督上の評価項目）（注1）	少額短期保険業者向けの監督指針 （少額短期保険業者の監督にあたっての 評価項目）（注2）
II-1　経営管理	II-1　経営管理
II-1-1　意義	II-1-1　意義
II-1-2　主な着眼点	II-1-2　主な着眼点
II-1-3　監督手法・対応	II-1-3　監督手法・対応
II-2　財務の健全性	II-2　財務の健全性
II-2-1　責任準備金等の積立の適切性	II-2-1　責任準備金等の積立の適切性
II-2-2　ソルベンシー・マージン比率の適切性（早期是正措置）	II-2-2　ソルベンシー・マージン比率の適切性（早期是正措置）
II-2-3　早期警戒制度	II-2-3　早期警戒制度
II-2-4　生命保険会社の区分経理の明確化	II-2-4　再保険に関するリスク管理
II-2-5　商品開発に係る内部管理態勢	II-2-5　商品開発に係る内部管理態勢
	II-2-6　保険引受リスク管理態勢
	II-2-7　資産運用リスク管理態勢
	II-2-8　流動性リスク管理態勢

保険会社向けの総合的な監督指針 （保険監督上の評価項目）	少額短期保険業者向けの監督指針 （少額短期保険業者の監督にあたっての 評価項目）
Ⅱ－3　統合的リスク管理態勢	
Ⅱ－3－1　意義	
Ⅱ－3－2　リスクの特定及びリス 　　　　　　ク・プロファイル	
Ⅱ－3－3　リスクの測定	
Ⅱ－3－4　リスク管理方針	
Ⅱ－3－5　リスクとソルベンシーの 　　　　　　自己評価	
Ⅱ－3－6　報告態勢	
Ⅱ－3－7　業務継続体制（BCM）	
Ⅱ－3－8　資産負債の総合的な管理	
Ⅱ－3－9　保険引受リスク管理態勢	
Ⅱ－3－10　再保険に関するリスク管 　　　　　　理	
Ⅱ－3－11　資産運用リスク管理態勢	
Ⅱ－3－12　流動性リスク管理態勢	
Ⅱ－3－13　オペレーショナル・リス 　　　　　　ク管理態勢	
Ⅱ－3－14　監督手法・対応	
Ⅱ－4　業務の適切性	Ⅱ－3　業務の適切性
Ⅱ－4－1　コンプライアンス（法令 　　　　　　等遵守）態勢	Ⅱ－3－1　コンプライアンス（法令等 　　　　　　遵守）態勢
Ⅱ－4－2　保険募集管理態勢	Ⅱ－3－2　削除
Ⅱ－4－3　苦情等への対処（金融 　　　　　　ADR制度への対応も含 　　　　　　む。）	Ⅱ－3－3　保険募集管理態勢

保険会社向けの総合的な監督指針 （保険監督上の評価項目）	少額短期保険業者向けの監督指針 （少額短期保険業者の監督にあたっての 評価項目）
II－4－4　顧客保護等	II－3－4　苦情等への対処（金融ADR 　　　　　制度への対応も含む。）
II－4－5　顧客等に関する情報管理 　　　　　態勢	II－3－5　顧客保護等
II－4－6　顧客の利益の保護のため 　　　　　の体制整備	II－3－6　顧客等に関する情報管理態 　　　　　勢
II－4－7　顧客の誤認防止等	II－3－7　顧客の誤認防止等
II－4－8　取引時確認等の措置	II－3－8　取引時確認等の措置
II－4－9　反社会的勢力による被害 　　　　　の防止	II－3－9　反社会的勢力による被害の 　　　　　防止
II－4－10　適切な表示の確保	II－3－10　適切な表示の確保
II－4－11　障害者への対応	II－3－11　事務リスク管理態勢
	II－3－12　システムリスク管理態勢
	II－3－13　業務継続体制（BCM）
	II－3－14　障害者への対応
II－5　その他	II－4　その他
II－5－1　保険会社の事務の外部委 　　　　　託	II－4－1　少額短期保険業者の事務の 　　　　　外部委託
II－5－2　企業の社会的責任（CSR） 　　　　　についての情報開示等	
II－5－3　報酬体系	
II－5－4　秩序ある処理等の円滑な 　　　　　実施の確保	

注1：金融庁ウェブサイト、保険会社向けの総合的な監督指針、2020年12月。
注2：金融庁ウェブサイト、少額短期保険業者向けの監督指針、2022年4月。

る。これらのうちShared Value（共通価値観・理念）、Style（マネジメントスタイル経営スタイル企業文化）、Staff（人材）、Skill（企業のケイパビリティ）の４つがソフト面を表しており、Strategy（戦略）、Structure（組織構造）、System（システム）の３つがハード面を表している。

　ハード面は目にみえやすいためにマネジメントがコントロールしやすく短期的に成果が出やすいが、その効果は一時的で他社から模倣されやすい特徴がある。

　一方で、ソフト面は目にみえないことが多いためにコントロールしづらく、成果も短期的に表れることは少ないが、その効果は長期的で他社から模倣されにくく競争の源泉となることが多い。そのため、ハードの３つのＳとソフトの４つのＳをそれぞれ相互に有機的に結びつけて構築していくことが、新規事業の成功の要となる（図表４－30）。

ウ　Shared Value

　Shared Value（共通価値）とは経営理念やミッション・ビジョン・バリューのように、何を重視して仕事に取り組むのかを共通して認識する価値観である。すなわち、何を優先して取り組むのかを決定するルールであり、判断に迷ったときの基準となるものである。組織は経営層だけでなく従業員レベルまで様々な局面において意思決定を行っており、それを一つひとつ経営層が判断することは量的に不可能であり、また迅速性に欠けることになる。そのため、経営層および従業員が共通して認識する根本的な価値観が重要となる。この共通価値が従業員レベルまで浸透していくと経営層の負担が減るだけでなく、全従業員の判断力の向上や動機づけの効果をもたらすことになり、強い組織が形成されることになる。7Sを考案したトム・ピーターズ、ロバート・ウォーターマンもその著書『エクセレント・カンパニー』において「私たちが最初の研究で検討したほとんどすべての業績の良い会社は、輪郭のはっきりした一連の信条に導かれている。それに反して、それほど業績をあげていない会社については、ひとつかふたつの特徴が目についた。たとえば、その多くが首尾一貫した信条を持っていなかった。また、他の場合には、論議をつくした明確な目標を持っていたが、計量化できる項

図表 4-30　7つのSとソフト・ハードの特徴

要素		概要
ソフト	Shared Value	・最終的な事業を行う目的、大切にする価値観　※各要素の基盤となり、最も重要な要素
	Style	・組織で共有されている考え方・行動パターン（組織文化）
	Staff	・採用・育成、動機づけ
	Skill	・バリューチェーン、企業のケイパビリティ
ハード	Strategy	・競争優位を実現するための事業の方向性
	Structure	・戦略を実現するために必要な組織形態、意思決定体制
	System	・組織運営に必要な諸制度・システム、評価・評価制度・予算制度、規程類等

	ソフト	ハード
形成方法	従業員主体	トップダウン
評価や判断の方法	定性的	定量的
経営による変化やコントロール	困難	容易
効果が現れるまでの期間	長期的	短期的
競争優位性	持続的	一時的

目―1株あたりの利益や成長度合いといった財務上の目標―にしか鼓舞され
なかったのである」と述べている。さらに続けて、「皮肉なことにもっとも
よくまとまっていると思われた会社―任務を計量化した形で表し、きわめて
明確な財務上の目標を持っている会社―が、企業の目的をより広範かつおお
まかに、もっと内容を重視した形で述べている会社よりも、財政的にうまく
いっていなかった」とも述べている。ここで注目すべきことは、財務上の目
標を価値観としてあげている会社が財政的にうまくいっていなかったことで
あろう。これについて彼らは、具体的な財務上の目標は全従業員にやる気を
起こさせるものではないと断じている。また共通価値の重要性については、
戦略論の大家クレイトン・クリステンセンもその著書『イノベーションのジ
レンマ』で「組織にできることとできないことは、資源、プロセス、価値基
準の3つの要因によって決まる」とその重要性を論じている。

　それではこの共通価値をどのように浸透させればよいのかについて解説し
ていきたい。

　まずは基本計画フェーズ(1)①で策定した事業目的に沿った価値観を経営理
念なりミッション・ビジョン・バリュー（MVV）なりに落とし込んで、明
文化していくことから始まる[25]。

　その際のポイントは第一に量的な表現ではなく、質的な面を重視すること
である。具体的には前述したとおり、具体的な財務上の目標は全従業員に響
くものではないことと、利益は何かをうまくやってのけた場合の副産物で
あって、企業の目的そのものではないため、経営陣および従業員の判断や行
動の助けになることは限定的であるためである。

　第二に、全従業員の士気を鼓舞させるメッセージをつくることである。業
界を変革する、何か新しいことにチャレンジする、社会に貢献するといった
ことを明確なメッセージとして伝えなければ従業員の動機づけは不十分なも

---

[25]　ただし浸透させていく過程おいては、「文書によって正式に伝えられるものではな
い。もっとくだけたやり方で流布されることが多いのである」（トム・ピーターズ＝ロ
バート・ウォーターマン著／大前研一訳『エクセレント・カンパニー』（英治出版、
2003年）480頁）という点には留意されたい。

のになるだろう。

　最後に、シンプルでわかりやすいメッセージを作成することである。メッセージが冗長、複雑なものだと、理解しづらい、記憶に定着させることができないおそれがある。ただし、シンプルにしすぎると解釈の余地が多くなるため、その点も留意して作成していくことが重要である。

　実際の経営理念等の作成過程は、優れた企業の経営理念やMVV等を徹底的に分析して（可能であれば設定した事業目的と近しい企業のもの）、上記3つの観点に沿ったものかを反芻しながら、「経営陣全員が一体となって」策定していくのである。なぜなら、「企業の重要な価値観を浸透させるためには、彼ら（経営陣）が自分たちの意思を統一して、一つの声で語るほかはない」[26]ため、その価値観の作成過程においても全員が関与し、全員が腹落ちするものを作成する必要があるからである。

　あわせて、策定した経営理念やMVVについて、それぞれの単語に込めた思いやポイントを記載した解説本のようなものを作成し、従業員と公式な場において説明・共有することが必要となる。また、価値観はこのような文書だけで伝播されるものではないため、経営陣が従業員との日常のコミュニケーションや、意思決定の場面においてそれを体現していくことで従業員に浸透させることが重要となる。

　この価値観の作成と浸透させる作業は、開業前後でとても多忙な経営陣にとってハードな作業で、時間もかかり、成果もすぐには目にみえないことから、優先順位を下げたくなる局面もあると思うが、その際には共通価値の重要性をいま一度認識して取り組んでもらいたい。また親会社も共通価値というものが企業の魂であり、すべての根源であるということをしっかり認識して、少額短期保険業の経営陣にその裁量を与える必要がある。

　このような共通価値を定着させることで、前述したような意思決定スピードと精度の向上だけでなく、チーム力の向上、生産性（自発性）の向上、採用精度の向上、外部に対しての企業イメージの定着といった効果が得られ

26　トム・ピーターズ＝ロバート・ウォーターマン著／大前研一訳『エクセレント・カンパニー』（英治出版、2003年）492頁。

1	**意思決定のスピードと精度の向上** 共通価値は意思決定の原則となり、迷いによるロスタイムや先入観による判断ミスが低減
2	**チーム力の向上** 安心感や信頼感が醸成され、組織のコミュニケーションが活性化されリラックスした状態を実現
3	**生産性（自発性）の向上** 共通価値が浸透することで、とるべき行動が明確になり、目的達成に向けた自発的な取組みが増加
4	**採用精度の向上** 共通価値を採用基準の１つとすることで、ミスマッチを防ぐとともに、同じ価値観の応募が増加
5	**企業イメージの定着** 外部に対しては企業イメージとして受け取られ、ポジティブなスタイルはアピール要素として活用が可能

る。一方で共通価値が浸透すると、それ以外の価値観を否定するといった、いわゆる「斉一性への圧力」[27]といった組織の硬直化を惹起する場合もあるので、多様性を尊重した運用が求められる。

　共通価値を定着させることは、ハードな作業で、時間もかかり、成果もすぐにはみえてこないが、他社に模倣されにくい競争の源泉となるため、しっかりとした取組みが必要である（図表 4 −31）。

エ　Style

　Styleとは経営スタイルのことであり、具体的にはトップダウン経営を行うか、ボトムアップ経営を行うかということである。トップダウン経営は経営陣が意思決定の材料を集め、それらに基づき方針を定め、従業員が実行するものであるのに対し、ボトムアップ経営は従業員が方針を立案し、経営陣は従業員と対話しながら民主主義的に意思決定を行っていくものである。トップダウン経営の主なメリットは迅速に意思決定ができることであるが、

27　「斉一性への圧力」とは組織の構成メンバーがもつ価値観が強固になるにつれ、その価値観から逸脱するメンバーに制裁を加えようとする圧力のことをいう。

デメリットとして顧客とのつながりや経営陣が現場から離れている場合はその意思決定が失敗につながることが多く、従業員の不満が発生することや従業員の育成が阻害されること等があげられる。一方でボトムアップ経営のメリットは市場の変化をタイムリーにとらえやすいことや、従業員の自発性が育まれることであるが、デメリットは従業員の能力に左右されることや、意思決定が遅くなることがあげられる。

　VUCA時代の現代においては市場の環境変化が激しいこともあり、ボトムアップ経営を行っている企業も多いが、少額短期保険業においては人的リソースが乏しく、経営陣も従業員とともに行動することが多いため、トップダウン経営の利点が勝るケースが多いと考える。

　しかしながら、リーダーシップの行動理論においては、ミシガン大学のリッカートによって、リーダーシップの類型化が行われ、そのなかで「システム4：集団参加型」[28]、すなわち経営陣と従業員の良好な関係のもと、従業員も意思決定に参画できる状況をつくりだすことが最も理想的なスタイルと示されたように、なんらかのかたちで従業員も意思決定に参画できる状況を経営陣が提供することが重要である。

　さらにW・チャン・キム、レネ・モボルニュもその著書『ブルーオーシャン戦略』において、意思決定（戦略）を実行に移すために、実行をコミットする従業員にその意思決定に共感させないと、意思決定は絵に描いた餅に終わることが多いと述べている。

　そのため、彼らは「公正なプロセス」に沿って意思決定を行うことの重要性を説いている。公正なプロセスとは3E、すなわち「関与（Engagement）」「説明（Explanation）」「明快な期待内容（Clarity of Expectation）」という、互いに支えあう3つの要素で成り立っている。

　「関与」とは、従業員の意思決定やその策定にかかわる機会を与えることである。

　「説明」とは、その方針を決めた背景や理由を関係者すべてに説明して、

28　このほか、「システム1：独善的専制型」「システム2：温情的専制型」「システム3：相談型」がある。

理解を引き出すことである。これにより従業員は経営陣の意図に信頼を寄せることになる。また、従業員がその方針の目的を十分理解することで力強いPDCAサイクルを生み出すことにより、学習効果を得ることにもつながる。

　「明快な期待内容」とは方針が決まった後で、経営陣が従業員への期待役割を明快に伝達することである。これはモチベーション理論である目標設定理論29にあるモチベーションに影響を与える要素のうちの1つである「目標の受容度」とも整合する。

　トップダウン経営、ボトムアップ経営のいずれにせよ、従業員をなんらかのかたちで意思決定に関与させる場を提供させることは重要である。

オ　Staff

　Staffの要素では従業員の採用や育成、適材適所の配置のことをいう。人材の要素において何がむずかしいかというと、人材の本質把握は困難であるからである。たとえば資格をもっているからといって、それが実務で十分発揮できるかは不透明であったり（得てして実務では期待に応えられないことも多い）、その従業員のモチベーションが何なのかを真にとらえることが困難であったりすることがある。また、その人材の育成スタイルも性格や能力によってそれぞれであり画一的なものを策定することがむずかしい。さらに、日本においては労働法制等が厳しいため解雇等による入替もむずかしく、現有の人的リソースを最大限活用することが求められる。そのため、人材の本質を把握して適材適所な人員配置をしていく必要がある。

　まず経営陣は少額短期保険業の目的を達成するために必要な人材像（コンピテンシーモデル）をコンピテンシーディクショナリー30で定めて、継続的にその人材と業務を通じたコミュニケーションや定期的な面談、人事評価等のフィードバックの場、飲み会等の非公式な場等を通じてその人材の本質把

29　アメリカの心理学者ロックにより提唱されたモチベーション理論で、モチベーションに影響を与える要素は「目標の難易度」「目標の具体性」「目標の受容度」「フィードバックの有無」であると唱える学説である。

30　ライル・M・スペンサー＝シグネ・M・スペンサー著／梅津祐良・成田攻・横山哲夫訳『コンピテンシー・マネジメントの展開〔完訳版〕』（生産性出版、2001年）23～115頁。

図表4−32　コンピテンシーディクショナリー

領域	項目
達成とアクション	達成重視、秩序・クオリティー・正確性への関心、イニシアチブ、情報探求
支援と人的サービス	対人関係理解、顧客サービス重視
インパクトと影響力	インパクトと影響力、組織の理解、関係の構築
マネジメント・コンピテンシー	ほかの人たちの開発（育成）、指揮命令、チームワークと強調、チーム・リーダーシップ
認知コンピテンシー	分析的思考、概念化思考、技術的／専門的／マネジメント専門力
個人の効果性	セルフ・コントロール、自己確信、柔軟性、組織へのコミットメント

注：ライル・M・スペンサー＝シグネ・M・スペンサー著／梅津祐良・成田攻・横山哲夫訳『コンピテンシー・マネジメントの展開〔完訳版〕』（生産性出版、2001年）31〜115頁を筆者が要約。

握に努め、コンピテンシーディクショナリーとのギャップを見出し、その人材の育成方針やその能力を発揮させるためのモチベーションが何なのかを見つけ出していくことが重要となっていく。

　それではコンピテンシーディクショナリーの構成要素を解説する（図表4−32）。

　コンピテンシーディクショナリーは、「達成とアクション」「支援と人的サービス」「インパクトと影響力」「マネジメント・コンピテンシー」「認知コンピテンシー」「個人の効果性」といった6つの領域でコンピテンシーを評価し、さらにそれぞれの領域を20項目で分類している。「達成とアクション」領域は「達成重視」「秩序・クオリティー・正確性への関心」「イニシアチブ」「情報探求」に分類される。「支援と人的サービス」領域は「対人関係理解」「顧客サービス重視」に分類される。「インパクトと影響力」領域は「インパクトと影響力」「組織の理解」「関係の構築」に分類される。「マネジメント・コンピテンシー」は「ほかの人たちの開発（育成）」「指揮命令」「チームワークと強調」「チーム・リーダーシップ」に分類される。「認知コ

ンピテンシー」は「分析的思考」「概念化思考」「技術的／専門的／マネジメント専門力」に分類される。「個人の効果性」は「セルフ・コントロール」「自己確信」「柔軟性」「組織へのコミットメント」に分類される。

　これらを新少額短期保険会社に必要となる項目等にカスタマイズしながら、階層別×機能別にディクショナリーを策定していく。

　また少額短期保険業で必要となる従業員数については、著者らがコンサルティング業を通じて相談されることが多いが、少額短期保険業者のディスクロージャー等に記載している従業員数を目的変数、収入保険料を説明変数として一次回帰分析したところ、その回帰式は「従業員数 = 7.252 + 0.009 × 収入保険料（百万円）」となり[31]、たとえば収入保険料が10億円前後の少額短期保険業者に必要な従業員数はおよそ10名前後の計算となる。この数値は保険会社運営をよく知る読者は直感的に少ないと感じるかもしれないが、これは少額短期保険業者の多くが後述するアウトソースを保険会社以上に活用しているからと推察する。

カ　Skill

　Skillとは、その企業がもつ競争の源泉となる中核能力のことである。事業目的を達成するためにどのような能力をもつ必要があるかを、事業目的の策定で行った環境分析に基づいて、バリューチェーンのそれぞれの項目において検討する。中核能力についてはその能力を開発するために投資を行う。逆に、中核能力ではないものについては、ノウハウを蓄積する必要がないために徹底的にアウトソースしていく必要がある。小規模事業者規制を受ける少額短期保険業は規模の経済や経験曲線効果を享受することはむずかしいため、コストが割高になってしまうケースが多い。そのため、少額短期保険業者の多くはアウトソースを活用して、固定費を変動費化しコスト削減の努力を行っている。

キ　Strategy

　戦略形成のとらえ方は数多くあり、戦略論の大家ヘンリー・ミンツバーグ

---

[31]　2020年度決算資料等から保険料および従業員数の双方を開示している74社のデータから作成。

はその著書『戦略サファリ』において10個のスクールに分類している。それはコンセプト構想プロセスとしての戦略形成である「デザイン・スクール」、形式的策定プロセスとしての戦略形成である「プランニング・スクール」、分析プロセスとしての戦略形成である「ポジショニング・スクール」、ビジョン創造プロセスとしての戦略形成である「アントレプレナー・スクール」、認知プロセスとしての戦略形成である「コグニティブ・スクール」、創発的学習プロセスとしての戦略形成である「ラーニング・スクール」、交渉プロセスとしての戦略形成である「パワー・スクール」、集合的プロセスとしての戦略形成である「カルチャー・スクール」、環境への反応プロセスとしての戦略形成である「エンバイロメント・スクール」、変革プロセスとしての戦略形成である「コンフィギュレーション・スクール」であり、それぞれに強みと弱みが存在する。本書においてそれぞれの詳細な説明は割愛するが、多くの伝統的な企業においては規範的な戦略策定とそれを実行・コントロールするデザイン・スクール、プランニング・スクール、ポジショニング・スクールに依拠している。具体的には、策定された戦略を短中期的にコントロールし、それが誤った戦略であったとしてもなんとか実現しようとして資源を投下していくのである。これは安定的な環境のなか、伝統的企業の戦略としては必ずしも間違ったものではないが、VUCA時代の現代において、かつ新規事業を成功させる場合においては完全なる誤りである。

　そこで、創発的学習プロセスを重視するラーニング・スクールが登場する。ラーニング・スクールは創発的戦略32と組織学習に重きを置いている。しかしながら、ラーニング・スクールへの批判としては、当初の意図された戦略がないなかでは、何から手を付ければいいのかがわからないというものがある。したがって、少額短期保険業といった新規事業に参入して成功を収めるには、意図的な戦略33を策定したうえで創発的戦略を形成させるシステムを策定することが重要なものとなる。特に新規事業では未知の環境が多く

32　創発的戦略とは行動の一つひとつが蓄積され、そのつど学習する過程で形成される戦略のことをいう。
33　意図的な戦略とは完璧に実現されることを意図したものをいう。

どれが本当に正しい戦略かわからないため、創発的戦略に重きを置いて戦略を策定する必要がある。それの証左として、クリステンセンは、「成功した新規事業の大多数は、最初の計画を実行しはじめ、市場でなにがうまくいき、なにがうまくいかないかがわかってきたときに、当初の事業計画を放棄しているという調査結果が出ている」[34]と述べており、さらに、「最初から正しい戦略を立てることは、新しい事業計画を立てて二度、三度と試行錯誤できるように十分な資源を残しておくことに比べれば、さほど成功のために重要な要素ではない。試行錯誤を繰り返して適切な戦略を見つける前に資源や信頼を失った場合は、事業として失敗である」[35]と述べている。

　次に、戦略策定プロセスについて解説する。スタート地点は、事業目的や共通価値に基づき前述した外部・内部環境分析を行い、複数の戦略オプションを策定する。次に意図された戦略策定プロセスでいちばん重要といっても過言でないのが、その複数の戦略オプションから何を実行するのかを絞り込みにいくことである。多くの企業においては外部・内部環境分析がしっかりと行われないことや、各組織が主張する課題を整理しきれないこと、または社内のパワーバランスに配慮する、さらには戦略策定部門が「やっている感」を出すために総花的な戦略になることが多い。

　戦略を選択することの重要性には3つの観点がある。それは「リソースの制約」「閾値効果」「認識能力の限界」である[36]。「リソースの制約」とは、文字どおり、ヒト・モノ・カネといった経営資源には限りがあるというものである。次に「閾値効果」とは、あるレベル（閾値）を超えるまではほとんど変化が現れないが、そのレベルを超えた場合に一気に変化が現れるものである。最後に「認識能力の限界」であるが、人間が物事に注意を払える対象はせいぜい5つ程度であることと同様に組織も人間の集合体である以上、注

34　クレイトン・クリステンセン著／玉田俊平太・伊豆原弓訳『イノベーションのジレンマ〔増補改訂版〕』（翔泳社、2001年）213頁。

35　クレイトン・クリステンセン著／玉田俊平太・伊豆原弓訳『イノベーションのジレンマ〔増補改訂版〕』（翔泳社、2001年）214頁。

36　リチャード・P・ルメルト著／村井章子訳『良い戦略、悪い戦略』（日本経済新聞出版社、2001年）142〜143頁。

意を払える対象の数には限りがあるということである。

　特にリソースが親会社よりも限定される少額短期保険業者においては、戦略の選択と資源の集中投下は戦略策定プロセスにおいて最重要な要素となる。ここで何を基準として戦略オプションを選択するかだが、１つ目はその戦略オプションが本質的な課題を解決するものかであり、２つ目は前述した共通価値である。

　戦略オプションの絞込みを行ったら経営資源の配分プロセスに移り、そして実行プロセスとなる。実行のモニタリングから、有効な戦略とそうでない戦略に関する理解が進む、または予期しない機会や脅威、成功を通じて創発的戦略が形成され、経営資源配分プロセスにループして意図的戦略として実行されていくことになる。

　創発的戦略形成において重要となる組織学習には、５つの基本原則がある[37]。

　第一に「失敗から学ぶ」ことであり、失敗を許容する企業文化や評価制度を形成することである。新規事業は失敗の連続であり、その失敗から得られるものが大きいことを経営陣や親会社は認識すべきである。そうしなければ学習効果が得られないばかりか、優秀な人材の離職や、近視眼的な成果を求めることで当初の事業目的がぶれて、親会社としては投資をしたが何も得られない状況に陥ることが想定される。

　第二に「絶え間ない再検証プロセスを構築」することである。

　第三に「直接体験による学習を重視すること」である。要は戦略を実行している現場従業員の学習を重視することである。

　第四として「知識の流動性をもつこと」である。これは経営陣、従業員問わず、あらゆるレベルで体験した知識を交換し、ともに利用できる環境を構築することである。たとえば、オフィスをオープン・フロアやフリーアドレスにする、ローテーションを活発に行う、非公式な飲み会等に企業が補助を出

37　HENRY MINTZBERG・BRUCE AHLSTRAND・JOSEPH LAMPEL, *STRATEGY SAFARI : A Guided Tour Through The Wilds of Strategic Management* (Second Edition), Pearson Education Canada, 2008 pp. 214-215.

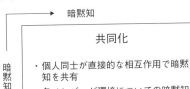

暗黙知 →		暗黙知 →

共同化

・個人同士が直接的な相互作用で暗黙知を共有
・各メンバーが環境についての暗黙知を獲得
・各メンバーは身体的・感情的にも互いに理解
・結果として互いの考えを共有

表出化

・個人がチームレベルで共同化によって積み上げられた暗黙知を統合
・暗黙知のエッセンスが概念化
・暗黙知が言葉やイメージやモデルを用いた修辞やメタファーというかたちで形式知に変換

内面化

・連結化によって増幅された形式知が実行
・実際に行動されることで、最も関連のある実用的な暗黙知が生成

連結化

・形式知が組織の内外から収集
・それらが組み合わされ、整理され、計算されることで、複合的で体系的な形式知が組織レベルで構築

（左側：暗黙知　右側：形式知　下部：形式知）

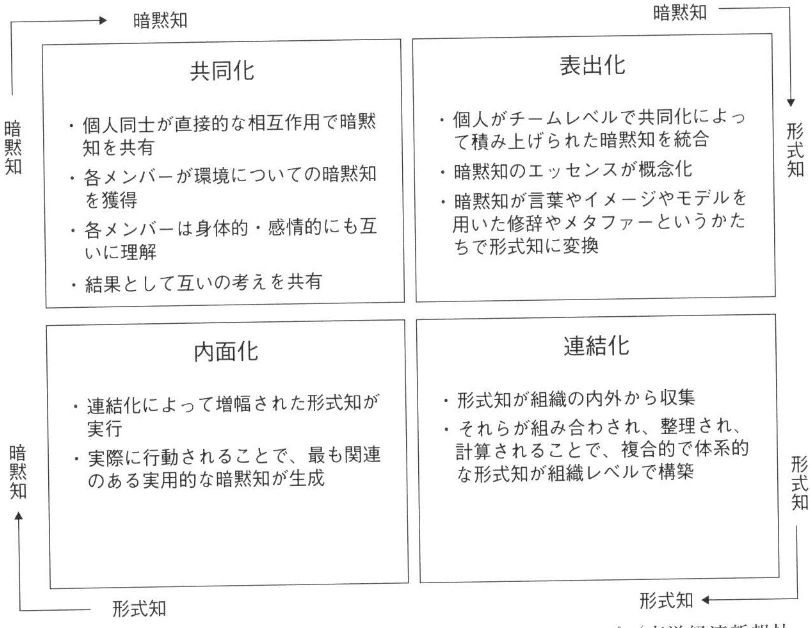

出典：野中郁次郎＝竹内弘高著／黒輪篤嗣訳『ワイズカンパニー』（東洋経済新報社、2020年）105〜109頁をもとに筆者作成。

して役職員のコミュニケーションを活性化させるといったものがある。これは個人の暗黙知を組織の形式知に変換させるプロセスで、経営学者である野中郁次郎らはSECIモデルとして提唱した[38]。SECIモデルとは高度なナレッジを生み出すプロセスを表したもので、共同化（Socialization）、表出化（Externalization）、連結化（Combination）、内面化（Internalization）をスパイラルにたどるプロセスである（図表4－33）。

　最後に「外界に目を向けて、知識を吸収する」ことである。これは、新規事業は業界の境界において成功することが多く、また他業界から学ぶことも多いからである。

　また、創発的戦略プロセスを加速させるための方法につき、クリステンセ

---

[38] 野中郁次郎＝竹内弘高著／梅本勝博訳『知識創造企業〔新装版〕』（東洋経済新報社、2020年）104〜125頁。

ンは「発見志向計画法」[39]を用いることで、試行錯誤を漫然と繰り返すより
も、有効な戦略をはるかに早く、目的をもって生み出すことができると説い
ている[40]。具体的には、まずは「目標とする財務成果を打ち出す」ことであ
る（これは事業目的に応じて、非財務成果もスコープとする場合もあるだろう）。
ただし、新規事業には不透明な要素も多く、目標とする成果もよくわからな
いものであるため、目標を因数分解したうえで、将来予測が不透明なものは
なんらかの仮定を置いて大まかな目標でもかまわない（クリステンセンも目
標とする成果を打ち出すことに本質的意義を置いていない）。

　次に成果を打ち出すにあたって用いた仮定をチェックリスト化する。この
チェックリストには事業目的を達成するかといった仮定も含めるべきと考え
る。

　そのうえで全プロセスを通じて最も重要な仮定の妥当性を検証する学習計
画および撤退計画を策定し、迅速に費用を最小限にして仮定の妥当性の確認
を行う。

　そして、それが有効な戦略と実証できたら、多額の投資を行い本格的に実
行する。

　これらのプロセスにより戦略を策定することで新規事業の成功率を高める
ことが可能となる。

　最後に戦略策定において注意すべき点を、悪い戦略の特徴[41]を用いて解説
したい。その特徴とは「空疎であること」「重大な問題に取り組まないこ
と」「目標を戦略ととりちがえていること」「まちがった戦略目標を掲げるこ
と」の4つである。

　「空疎であること」は専門知識や戦略思考や高度な分析に基づいて戦略が
策定されたかのように、専門用語や複雑なストーリーで冗長的に語られるも

39　リタ・ギュンター・マグレイスとイアン　C．マクミランが1995年に出版した『ハー
　　バード・ビジネス・レビュー』では「Discovery-Driven　Planning（仮説指向計画法）」
　　とある。
40　クレイトン・クリステンセン＝マイケル・レイナー著／玉田俊平太監修・櫻井祐子訳
　　『イノベーションへの解』（翔泳社、2003年）277〜280頁。
41　リチャード・P・ルメルト著／村井章子訳『良い戦略、悪い戦略』（日本経済新聞出
　　版社、2001年）49〜82頁。

ので、本質的な中身がないもののことをいう。本物の専門知識や知見の特徴は、複雑なことを紐解いてわかりやすく、かつシンプルに説明できることである。悪い戦略は単純なことを、いかに複雑なプロセスを経て策定されたかを華美な言葉で説明するものである。

次に「重大な問題に取り組まないこと」は、解決すべき課題から様々な理由から目を逸らして対処しないことである。

「目標を戦略ととりちがえていること」とは財務的な目標数値だけ掲げて、それを達成する具体的な方法（戦略）を検討していないことである。これは実際に大企業でも見受けられる光景である。

最後の「まちがった戦略目標を掲げること」とは、とりあえずやることを列挙した寄せ集めの目標を策定する、または達成困難な非現実的な目標を策定することである。また戦略は事業目的といった最終目標を、実行可能な戦略目標に転換するものであり、最終目標と戦略目標は明確に区別し、戦略目標は環境に応じて微調整する必要がある。

これらの悪い戦略の特徴に留意して、読者には戦略を策定いただきたい。

ク　Structure

組織構造とは組織形態を示すものである。組織形態には機能別組織、事業部制組織、カンパニー制、持株会社、マトリックス組織、アドホクラシー、ティール組織等多種多様なものがあるが、少額短期保険業はその事業規模の小ささ、および少額短期保険業者向けの監督指針等で組織間のけん制機能が求められることから、現実的には機能別組織になると考える。

機能別組織とは機能別に職務分掌等で役割分担をされた最も一般的な組織形態で、ピラミッド型の階層構造をもつ組織形態である。この機能別組織をベースとして、少額短期保険業者向けの監督指針で求められる態勢整備を行い、実際の組織（体制）設計を行っていく。なお、「少額短期保険業者向けの監督指針」において、少額短期保険業者の組織体制については、その事業特性にあわせて、小規模な事業者である場合は必ずしも独立した部署の設立を求めるものではないと述べている。これは少額短期保険業の設立趣旨からして保険会社と同様の規制を当局は想定しておらず、同監督指針においても

そのことが反映されているものである。そのため親会社である保険会社は、少額短期保険業ができた趣旨を十分に理解し、自社と同様の組織体制および態勢を求めることはせず、少額短期保険業の特長を活かしてその事業目的を達成できる、実効的な体制・態勢構築の支援をすることが重要となる。

ケ　System

　システムとは基幹システムといったいわゆるソフトウェアだけではなく、人事評価や保険金支払管理といった方針・規程・マニュアル（以下「規程類」という）も含まれる。まずは少額短期保険業において必要となる規程類は、会社法、保険業法および「少額短期保険業者向けの監督指針」（さらには「保険会社向けの総合的な監督指針」[42]）の項目に従って整備していくことになる。図表4−34に「少額短期保険業者向けの監督指針」をベースとして、筆者が最低限必要な規程類と思われるものを列挙したので参考にしていただきたい。

　次に基幹システムについて必要な構成要素を、損保系システムを例として説明する。まず損保系基幹システムは、契約情報を格納する契約情報データベース（以下「DB」という）と保険金支払情報を格納する事故情報DB、および保険料の収納情報を格納する入金管理DBといったDB群がある。それらに紐づくかたちで、申込書に記載された内容、および住所変更といった異動処理結果を契約情報DBに登録する「契約管理システム」、また保険契約の満期が近い保険契約を抽出し更改案内のハガキや申込書の作成を行う「満期管理システム」、保険料の請求データを作成したり保険料の入金データを作成したりする「保険料請求入金管理システム」、保険契約を募集し保険契約者から保険料を領収した代理店に対してその保険料を請求し、入金された保険料に誤りがないかを管理する「代理店勘定精算システム」、保険金支払（事故処理）の進捗等を管理する「事故管理システム」といったシステム群が存

---

[42]　「少額短期保険業者向けの監督指針」は「保険会社向けの総合的な監督指針」の別冊としての位置づけであるため、「少額短期保険業者向けの監督指針」に記載がない項目であっても、「保険会社向けの総合的な監督指針」を参照しつつ態勢を整備していくことが求められる（少額短期保険業者向けの監督指針Ⅰ−2−(2)より抜粋）。

図表4-34 必要規程類

―― 監督指針で ―― ― 対応組織 ―― ―所管として必要と想定される規程等 ―
求められる態勢整備

監督指針で求められる態勢整備	対応組織	所管として必要と想定される規程等
1.経営管理	経営企画部	・内部統制方針、各機関、会議体の規程、稟議規程、分掌規程、組織規程
2.保険募集管理 （募集人に対する教育・管理・指導）	営業部	・保険募集管理規程、保険募集・コンプライアンスマニュアル（含代理店用）
3.保険金等支払管理	損害サービス部	・保険金支払管理規程、保険金支払マニュアル
4.財務の健全性確保 （責任準備金等積立金、支払余力基準等）	財務部	・投資に関する規程、決算規程、経理規程
5.リスク管理 （商品開発、再保険、保険引受、流動性等）	リスク管理部／商品開発部	・リスク管理規程、保険引受リスク管理規程、商品の開発・改廃に関する運営規程、保有・出再規程、資産運用リスク管理規程、流動性リスク管理規程、危機管理マニュアル、業務継続計画、外部委託管理規程
6.電算システム管理 （名寄せシステム等）	情報システム部	・情報システム規程、システムリスク管理規程、システム障害管理規程
7.顧客管理 （含顧客情報管理）	コンプライアンス部	・情報管理規程、個人情報保護規程、特定個人情報保護規程、法人顧客情報保護規程、個人情報保護宣言、外部委託管理規程、反社会的勢力への対応に関する規程
8.法令等遵守		・内部者取引未然防止規程、コンプライアンス規程、コンプライアンスホットライン運営要領、グループ内取引管理規程、コンプライアンス・マニュアル
9.苦情・トラブル処理		・お客さまの声対応管理規程
10.内部監査		・内部監査規程

図表4−35 基幹システムの概要と契約データの流れ

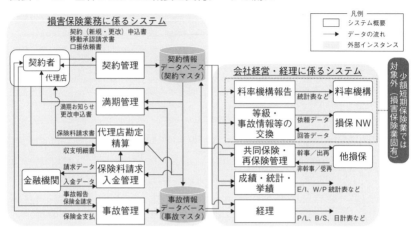

在する。このなかでは契約情報DBおよび契約管理システムが様々な後続処理の元になっており、保険基幹システムの中核を占める巨大なものとなっている。またこれらのほかにも、他の保険会社と再保険データの交換を行う再保険システムや、営業成績の集計等を行う挙績管理システム等もある。なお、基幹システム以外にも代理店が活動しやすいように代理店業務全般を支援する代理店オンラインシステム等を外部向けに構築する必要がある（図表4−35）。

3 M&Aに係るタスク全体像

　これまで新規設立について述べてきたが、以降は少額短期保険業者の買収における一般的なタスクスケジュールと少額短期保険業者買収においての留意点を説明する。

　まずタスクスケジュールであるが、新規設立と同じで事業目的が定まったら少額短期保険業者のロングリストから、その事業目的に照らし合わせて、

経営資源といったハードを買いに行くのか、その企業が醸成している価値観や企業文化といったソフトを買いに行くのかを明確にして、買収対象となる少額短期保険業者を絞りにいくショートリストを作成することから始まる。ショートリスト化するにあたってはこのように重要度だけでなく、株主構成や純資産額といった難易度に直結するような項目にも配慮してスクリーニングしていくべきと考える。株主構成、すなわち株主が複数いる場合や支配権を50%超獲得している株主がいない場合には、交渉する相手方が増えるので時間が多くかかったり、純資産額が大きいと買収資金が多く必要になったり、またはそもそもその少額短期保険業者を保有するオーナーに売却の意向がなかったりする等買収の難度が上がる。このように重要度のみを考慮して、難易度を考えずに買収対象企業の絞り込みを行うと、いたずらに時間がかかるだけでなく、買収するにあたって多くのコストがかかることになり、不経済を生み出すことになる。

　ショートリスト化が終わったら交渉戦略を策定し、実際のアクションに移行していくが、そのなかで売却意向の有無を確認してさらに絞り込みを行っていく。買収対象となる少額短期保険業者が定まったら、その対象企業と秘密保持契約（NDA：Non-Disclosure Agreement）を締結し、初期的なデュー・ディリジェンス（DD：Due Diligence、以下「DD」という）を短期間かつ簡易に行い、その少額短期保険業者が本当に買収するに値するか、またその価値はいくらぐらいなのかを検討する。初期的なDDでどこまでやるのかについては、前述のスクリーニング段階において検討しておくべきだろう。この段階で特に問題がないようであれば、次に買収金額や従業員の取扱いといった買収条件や今後のスケジュールを記載した、法的拘束力を一般的にもたない意向表明書（LOI：Letter of Intent）や基本合意書（MOU：Memorandum of Understanding）を売り手側に提示することになる。その後、本格的なDDや企業価値評価（Valuation）を行い、法的拘束力をもつ最終契約書（DA：Definitive Agreement）を締結し、株式譲渡をもってクロージングを迎えることになる。

　少額短期保険業者のDDでは、法務DDに加えて、財務DDとオペレーショ

ンDDについて特に留意が必要であろう。財務DDでは保険業の財務諸表の表示方法が他業界と異なっており把握しづらいという特徴があるのに加え、買収を企図する保険会社にとっても少額短期保険業者の財務諸表は生命保険会社の表示方法をベースとしながらも、一部損害保険会社の表示方法も採用していることからわかりづらいものになっている。たとえば再保険[43]をしている少額短期保険業は保険料、再保険料および再保険手数料が経常収益と経常費用において生命保険会社と同様にグロス計上になっているため、それらを正味保険料（元受保険料から再保険部分を差し引いたもの）としてネット計上する損害保険会社にとっては留意が必要な事項である。具体的に多くの少額短期保険業者が再保険を活用している家財保険を例に説明する。10億円の元受保険料がある家財保険業者が90％の再保険をかけるとしよう[44]。この場合、9億円を再保険料として他社に支払うことになるが、一方で再保険会社[45]は元受けの少額短期保険業者に対して元受契約の獲得に要した費用（代理店に支払う代理店手数料等）を、再保険料のなかから一定割合を元受保険会社に支払うことになる（これを再保険手数料という）。再保険手数料割合が60％だった場合[46]、再保険手数料は5.4億円（再保険料9億円×60％）となる。この場合、損害保険会社ではネット計上であるため、再保険料は経常収益の正味収入保険料に元受保険料から差し引いて計上され、経常収益としては1億円として認識される[47]。それに対して少額短期保険業者はグロス計上であるため、経常収益には元受保険料10億円が保険料勘定に計上されるだけでなく、再保険手数料の5.4億円も経常収益に勘定されるため、元受保険料が10億円しかないにもかかわらず経常収益に15.4億円が計上されることになる。

43　再保険とは保険契約の締結によって少額短期保険業者が引き受けたリスクの一部または全部を、再保険契約を締結したうえで他の保険会社に移転するものである。

44　再保険を行い他社にリスク転嫁することを出再という。

45　再保険を引き受ける会社。受再ともいう。

46　保険料は主にリスク部分に充当される純保険料と、会社の運営費用に充当される付加保険料で構成されるが、家財保険の料率構成は純保険料よりも付加保険料割合が多い。再保険手数料は付加保険料に比例するため、家財保険に関連する再保険手数料も比較的高いものとなっている。

47　再保険手数料は経常費用の諸手数料および集金費のマイナスとして計上される。

あわせて再保険を積極活用している少額短期保険業者では再保険リスクについても検討が必要となる。ここでも家財保険を例にとって説明しよう。家財保険は主に賃貸物件の入居者の家財が火災等によって損失を被った場合のリスクを担保するものであるが[48]、基本的に賃貸物件の更新までの期間である2年間の保険料を一括して受領して、家財保険業者は仲介した不動産会社にその2年分の保険料に応じた代理店手数料を支払うことになる。この場合、経常利益はどのようになるのかを説明する。その家財保険業者が年度を通して10億円の保険料を領収し、その40％を代理店手数料として支払ったと仮定しよう。経常収益は前述のとおり現金主義であるため、この場合の未経過保険料は2分の1法（すべての契約が年央始期と仮定）を使った場合、7.5億円となる（2年契約であるため、当該年度の未経過保険料は4分の3となる）。したがって経常収益に10億円が保険料として計上され、経常費用に7.5億円が責任準備金繰入額[49]として計上される。ここで代理店手数料は保守的に4億円（保険料10億円×代理店手数料率40％）が計上されるので経常利益（損失）としては1.5億円の赤字となる[50]。当然、翌年度以降は未経過保険料（責任準備金）が取り崩されることになるので利益が出ることになるが、右肩上がりで新契約が伸びている場合は損益計算書上の赤字が続くことになる。

　ここで再保険を90％かけるとどうなるだろうか（前述と同様再保険手数料率を60％とする）。再保険をかけた場合、責任準備金はその分だけ計上する必要がなくなる。そのため、経常収益に保険料として10億円、再保険手数料として5.4億円の計15.4億円が計上され、経常費用に再保険料として9億円、代理店手数料として4億円の計13億円が計上されるが、再保険しない場合と異なり責任準備金繰入額は0.75億円となり、経常利益は1.65億円の黒字となる。翌年度以降は再保険をしている場合と比べて未経過保険料の取崩しが少なくなるので、合計としてはそれほど変わらないことになるが（また責任準

---

[48]　実際には家財保険に含まれる借家人賠償責任特約を大家が重視して、入居に際して加入を義務づけている。

[49]　未経過保険料＞初年度収支残の場合。

[50]　ここでは理解しやすいように保険金、異常危険準備金、または人件費等の社費は考慮しないこととする。

備金は非資金項目であるためキャッシュフローにも影響を与えない）、単年度としては大きな影響が出てくる。このため再保険会社が当該再保険の引受けを行わない場合、または再保険手数料率を引き下げた場合に財務諸表やソルベンシー・マージン比率にどのような影響を与えるかを検討しておく必要がある。このほか、少額短期保険業者では未経過保険料を営業保険料ベースではなく、純保険料をベースとして計上している場合もあるので注意が必要である。

　次にオペレーションDDの留意点であるが、ここでは少額短期保険業者向けの監督指針において記載されている態勢がしっかり整備されているかが論点となる。これらの項目について規程等の形式面だけではなく、不祥事件や苦情の発生状況を確認するとともに、実質的な側面についてもインタビュー等を通じて確認していく必要がある。

　最後に少額短期保険業の企業価値評価（すなわち買収対価）の留意点について触れておくこととする。企業価値評価方法には主に、現時点の貸借対照表上の純資産をベースに評価するコストアプローチ、類似した上場企業の株価等をベースに評価するマーケットアプローチ、および将来に期待されるキャッシュフローや利益をベースに評価するインカムアプローチの3種類がある。しかしながら少額短期保険業者の企業価値評価においては、コストアプローチでは将来的な価値を織り込めないこと、マーケットアプローチではそもそも上場している少額短期保険業者が存在しないことから、現実的にはインカムアプローチになると考えられる。インカムアプローチには将来獲得されうるフリーキャッシュフロー[51]を現在価値に割り引いて計算するDCF法（Discounted Cash Flow）、株主への直接的なキャッシュの支払である配当金をベースに評価する配当還元法、DCFの簡易評価である会計上の予想利益をベースに評価する収益還元法がある。保険業におけるインカムアプローチでは、前述のとおり一般事業会社と異なりサービスの提供が対価の受領よりもかなり遅れて発生する（または発生しない）こと、およびソルベンシー・

51　企業が稼いだキャッシュのうち自由に使えるキャッシュをいう。

マージン規制が存在するために余剰利益が発生したとしてもリスクに応じた金額をソルベンシー・マージンとして留保しないといけないことがあり、これらに留意して企業価値評価を行う必要がある。

　また本格的なDDに移行したら、あわせて事業目的を効率的に達成するための買収後の統合計画（PMI：Post Merger Integration）を作成する必要があるが、買収の目的がソフト面の場合は、企業文化や共通価値といったものを壊さないような仕組みが必要になる。あわせて少額短期保険業者を買収するにあたっては、少額短期保主要株主の承認を取得する必要があるので、本格的にDDに移行する段階（またはその手前）で当該少額短期保険業者を管轄する財務（支）局にまずは第一報を入れておくといいだろう。

4 新規設立およびM&Aにおけるスケジュール

　前述したとおり少額短期保険会社の新規設立においては基本計画策定フェーズ、詳細計画策定フェーズ、実行フェーズといった3フェーズをたどることになるが、プロジェクトマネジメントを効果的に行うことでおよそ1年程度での開業は可能と考える。一方、M&Aでは、ショートリストを作成し、対象企業へのアプローチ、初期的DD、意向表明書等の作成、DD（および統合計画の策定）、最終契約書の締結、株式譲渡といったプロセスをたどるがPMIを含めて、同じくおよそ1年程度あれば十分だと考える。

第 5 章

インタビュー

本章では、少額短期保険業を営んでいる企業に対して実施した、インタビューをご紹介したい。インタビューにご協力いただいた下表の4社は、保険会社子会社の損保系・生保系、スタートアップとして起業した独立系、医療ベンチャー企業による他業種系（保険会社以外）と、出資元・創業の経緯がそれぞれ異なっている。

> ✓損 保 系：Mysurance株式会社
> ✓生 保 系：第一スマート少額短期保険株式会社
> ✓独 立 系：株式会社justInCase
> ✓他業種系：MICIN少額短期保険株式会社

　インタビューでは、どのような背景で少額短期保険業者の創業に至ったのか、創業にあたってのスキーム（新規設立・買収・提携）の検討内容、少額短期保険業の登録に至るまでの準備期間・体制の課題をうかがっている。
　また、インタビューを実施した2021年4・5月時点における各社ビジネスの展開状況や今後の事業展望、これから少額短期保険業に新たに参入することを検討している読者へのコメントをあわせて掲載している。

1　Mysurance株式会社

代表取締役社長（2021年5月時点）　川上　史人

> ＜企業概要＞
> ✓企 業 名：Mysurance株式会社
> ✓概　　要：損保系・少額短期保険業者（損害保険ジャパン株式会社
> 　　　　　　100％出資）
> ✓参　　入：新規設立
> ✓所 在 地：東京都新宿区西新宿1－26－1

✓創 業 年：2018年

✓登 録 年：2019年

✓資本金等：32億5,000万円（資本金＋資本剰余金、2021年3月末時点）

✓従業員数：24名（2021年3月末時点）

✓主な商品：スマホ保険、Travelキャンセル保険、宿泊キャンセル保険（Yahoo!トラベル）、フライト遅延保険（Yahoo!トラベル）等

（1） 少額短期保険業を創業するに至った背景

　Mysuranceの創業は、親会社である損害保険ジャパンが、将来のデジタル社会を見据えて、デジタル技術を活用した新たなビジネスモデルの創出が必要ではないかと考えたことが発端である。

　デジタル技術を活用したビジネスモデルとは、従来の保険会社モデルと異なり、End to Endのダイレクトモデルである。当該ビジネスモデルは、少額短期保険業のほかに保険会社や代理店等の形態も考えられたが、意思決定や商品組成のスピードの速さ等を総合的に勘案して少額短期保険業を選択した。

　また、創業時の参入スキームにおいて、買収は被買収企業に何かしらのオフラインベースの既存事業が存在するため、販売チャネルや既存契約のメンテナンスに負荷がかかり、デジタル活用によるビジネスモデルの創出という目的の達成には障壁になるものと考えた。提携に関しては、実際のビジネスがほとんど提携先に委ねられ提携元としてできる範囲が限られると想定した。そこで、2019年2月にMysuranceを新規設立の方法で開業した。

（2） 少額短期保険業の登録までの準備状況

　少額短期保険の立上げを検討し始めてから準備会社の設立までは1年程度を要し、様々なバックグラウンドを有する専任の社員が数名で取り組んでいた。この時の最大の課題は、新規事業に向けたビジネスモデルと事業計画

の策定であり、親会社の損害保険業と異なるビジネスモデルの事業計画を、マーケットを予測しながら立てていく必要があった。社外のスタートアップや他業種との交流を日々行い、新しい発想・知見・価値観を蓄えながら、トレンドを予測し新たなビジネスモデルを検討していた。

親会社の損害保険ジャパンでは、人口動態や高齢化社会等といった損保業界を取り巻く環境から、前述のとおり、デジタル技術を活用した新しいビジネスモデルの創造に積極的であったため、スムーズなビジネスモデルの検討が行えたものと感じている。

次に、準備会社設立から少額短期保険業者の登録までは、他業種との提携・協業を進めていたため、それまで以上に人員が必要で、1年の期間をかけて十数名の規模で準備を重ねていた。少額短期保険業者登録や営業開始に向けて、経営管理・企画、商品設計・当局対応、システム開発、経理・出納、営業活動・損害査定等の多岐にわたる検討を同時並行で行う必要があり、この際には、親会社のリソースも活用しながら準備していた。

男女を問わず、損保ジャパンの様々な部署から集めた優秀な人材に加えて、中途採用メンバーも参画し、当時から多様性に富んだチームであったと振り返る。新しいビジネスモデルには新たな発想が求められるため、多様性を重視し、他業種やスタートアップとの交流や、実際に海外の先進的なサービスを体験することを積極的に取り入れ、多様なバックグラウンドのメンバーのマインドセットやコミットメントを高めることに注力していた。保険業界の経歴をもつメンバーは、保険は熟知しているがテクノロジーが身近ではないため、「習うより慣れろ」の精神でデジタル技術の使い方を習得し、他業界の経験値をもつメンバーは、保険知識・規制をこの時期に学ぶ等、メンバー間で補完できたことが現在の糧になっている。

(3)　現状および今後の事業展開

　創業から 2 年が経過した現時点（2021年春）での成果は、保険業界における"日本初"がいくつか成し遂げられたことである。具体的には、LINEというSNSのなかでメッセージカードとともに保険を贈る仕組みを構築し、保険をマーケティングツールやコミュニケーションツールとして活用した実績（「贈るほけん[1]」・「REWARDほけん[2]」）や、震度 6 弱以上の地震が発生した際に保険金を支払うパラメトリック保険（商品名「地震のおまもり」）を提供できた成果があげられる。

　LINEとの提携以降も、IT業界を中心とする他業種との提携に積極的に取り組んできたことで、Yahoo! と共同で日本初となる単品でのフライト遅延保険を販売することができた。

　会社設立検討時における理想と営業開始後の実態との間で感じるギャップは、保険業界全体のオンライン化のスピード感である。検討時には、保険業界が通信事業者や他業種等と提携し、デジタル技術を活用した保険の新たな流通革命が物凄い速さで起きるのではないかと考えていたが、実際のスピードは想定よりも遅い。昨今、Fintech（Finance+Technology）が多く謳われているものの、保険はまだ大きなムーブメントには至っておらず、数多く輩出されている金融サービスのスタートアップの売上高は諸外国と比べると低い水準ではないだろうか。

　背景には日本の既存保険サービスのレベルの高さがあると考えている。既存チャネルの顧客体験は、日本人の丁寧さ・おもてなしの精神により顧客満足度は一定以上の水準にあり、海外のようにデジタル技術を活用したモデルに一気に塗り替わるような感じではない。現在のデジタル技術で提供できる

1　「贈るほけん」は、"大切な人を想う気持ちと一緒に、保険を贈る"をコンセプトとして、「LINE」のトーク上でメッセージカードと一緒に保険が贈れる新しい保険のかたちである（出所：Mysurance株式会社ウェブサイト）。
2　「REWARDほけん」は、"企業とユーザー"の間において、"想いとともに保険をおくる"という新しい価値・体験を提供する保険である（出所：Mysurance株式会社ウェブサイト）。

サービスレベルが、まだ既存チャネルを凌駕するインパクトにまで至っていないのではないかと感じている。実際、保険の満期が到来した際に自身の状況をよく知っている代理店と「昨年どおりで宜しく」「子供が免許を取ったから変更してほしい」等と電話で話し、簡単な内容確認で更新手続を終える体験は、ある意味では高品質な顧客体験ともいえるであろう。

　Mysuranceの今後の事業展開を考えるに、先に述べたように、既存の販売チャネルや保険種類での競争環境はハードルが高いため、新しいマーケットの創造に主眼を置いている。スマートフォン利用者数の増加をふまえた「スマホ保険」、After-COVIDでさらに進むと思われるオンライン旅行予約を想定した「Travelキャンセル保険」等、現在投入しているこれら商品も新しいマーケットの創造から生まれた商品である。

　COVID-19で消費者のお金の使い方が変化し、ダイレクトサービスの利用拡大で世の中の商流が変わってきている。こういった変化を敏感にとらえ、Mysuranceでは、先行者メリットを追求しながら、新しいマーケットで日本一のポジションを築いていきたい。そのためには、市場のトレンド予測やマーケティング活動が重要であり、またデジタル保険の世界でMysuranceの認知度を高めることにも取り組まなければならない。ネット社会でどのように目立たせることができるか、ランディングページのデザインやボタン配置等の委細を含め、快適と感じる顧客体験の設計を突き詰めていきたい。

⑷　少額短期保険業・新規参入者への一言

　保険業界のなかで少額短期保険業の魅力は、スピード感である。ただし、テストマーケティング・トライ＆エラーといっても、保険には大原則として契約者保護があるため、そう簡単には進められない。高いサービス品質が求められるビジネスであることは間違いなく、保険業界以外から参入を検討する場合には、少額短期保険業を本業並みのサービス水準に高めていく必要があり、保険関連の規制等を習得するうえで保険会社との提携も１つの手法と考える。

　オンライン上での顧客の購買行動は、巷で想定されているカスタマー

ジャーニーどおりに流れたりはせず、行ったり来たりを繰り返す。そのため、マーケットにフィットする商品は、検討に検討を重ねてつくりあげたものというよりは、早期に商品を投入し、マーケットの反応を早期にとらえ、早期に改善する高速PDCAによるものだと認識している。既存の保険会社からすれば、そのPDCAのスピード感を追求する場が少額短期保険業になるのではないか。20名程度の少人数で事業運営が可能であり、現地現物を繰り返していくことで、マネジメントの意思決定の速さや全体最適の判断力が磨かれると感じている。

　最後に、少額短期保険業の醍醐味として、商品コンセプト・システム・約款・顧客対応等の"一気通貫のサービスデザイン"ができることがあげられる。Mysuranceでは「圧倒的な当事者意識」と表現しているが、従来の組織形態に商品単位のプロジェクト型組織を組み合わせて、縦と横の目標設定を行うことで、醍醐味を味わいながら、メンバー一人ひとりがビジネス全体を俯瞰した業務遂行を目指しており、人材育成にもつながっていると感じている。

2 第一スマート少額短期保険株式会社

代表取締役社長　髙橋　聡

＜企業概要＞
- ✓ 企 業 名：第一スマート少額短期保険株式会社
- ✓ 概　　要：生保系・少額短期保険業者（第一生命保険株式会社100％
出資）
- ✓ 参　　入：新規設立
- ✓ 所 在 地：東京都江東区豊洲３－２－３
- ✓ 創 業 年：2020年
- ✓ 登 録 年：2021年

✓ 資本金等：5億円（資本金+資本剰余金、2021年3月末時点）
✓ 従業員数：15名（2021年3月末時点）
✓ 主な商品：コロナminiサポほけん

（1） 少額短期保険業を創業するに至った背景

　第一スマートは、第一生命が、ミレニアル世代やZ世代といわれる未来を担う若者たちのニーズ・価値観に寄り添ったビジネスを推進するために設立した。人々の価値観がより多様化した現在では、保険はこれまで以上に若者をはじめとした消費者一人ひとりにより近しい存在に進化していく必要がある。第一スマートでは、「"あなたらしく"をスマートに！」をミッションに、共通する価値観や生活様式をもつ人々が集うコミュニティを通じて、必要な時に必要な分だけといった若者の価値観に寄り添い、シンプルな保障を、簡単・スピーディに、スマホ完結で提供していくことを考えている。なお、様々なコミュニティをもつビジネスパートナーと新たな関係を構築し、サービスを迅速に提供していくためには、自らの判断のもと常にチャレンジしていく必要があるため、第一スマート創業においては、買収・提携の参入スキームではなく、新規設立が最も望ましいと判断した。

　今回、新会社設立と同時に第一生命と第一スマートの2社共同のブランド「デジホ」を立ち上げている。ミレニアル世代やZ世代といった若者が、自分らしく新たなチャレンジに踏み出す一歩を応援する保険をタイムリーに提供していきたい。

（2） 少額短期保険業の登録までの準備状況

　少額短期保険業の検討開始から準備会社設立までは約2年、その後登録に至るまでに、新型コロナウイルス感染症の感染拡大の影響もあり、1年の期間を要した。従事したメンバーは、専任4名と第一生命の兼務者をあわせて合計7〜8名の体制で、想定顧客層の若者世代や第一生命とは違った発想をもつ中途採用者、新規事業に明るい人材等、多様なメンバーで準備してき

た。

第一生命の生命保険業と少額短期保険業とでは、同じ保険であっても制度や法規制が異なるため、一から学び直す必要があったが、社内外の多方面からアドバイスやサポートを受けながら開業に至ることができた。また、検討時からミッションを実現するための大き

な課題の1つに、これまでにない"スピード感"があげられた。ビジネスパートナーは、あくまで自社が提供するサービスにおける顧客体験を向上させるために保険を活用するものであり、お客さま目線に立った保険内容の改良や商品ローンチに求めるスピードが圧倒的に速い。一方、少額短期保険業は、契約者保護を徹底した保険約款の策定やそのシステム構築等をふまえると、新商品発売までにはどうしても数カ月を要してしまう。現在進行形ではあるが、時代の動向をとらえながら、第一スマートが変化し続け、求められるスピード感を兼ね備えた事業者へと成長していきたい。

(3) 現状および今後の事業展開

実際に開業してみてあらためて感じたこととして、以下の2つのことがある。

1つは、新しいビジネスへの"チャレンジ"である。生命保険も少額短期保険も契約者保護の観点から会社内における商品開発プロセスに大きな差異はないが、少額短期保険業では新しいビジネスを実現するための"チャレンジ"が大きな要素となっている。ビジネスパートナーとの新商品・サービスの共同開発は、既存の保険の概念にとらわれることなく、自由な発想で、お客さま視点でどうあるべきかを考えることが重要であり、他業界のビジネスパートナーから刺激を受けながら日々取り組んでいるところである。また、新規性を生み出すうえでは、保障そのものだけではなく、それをどのような

かたちで提供するかも重要なポイントである。たとえば、後述するクラウドファンディングの活用事例のように、提供スキームの工夫によって新たな顧客体験を生み出すことができる。

　もう1つは、"環境の違い"である。従来は第一生命という保険会社の社員として役割が細分化された環境のなかで業務に従事していたが、少人数で運営している少額短期保険業では一人ひとりが対応すべき業務範囲・責任範囲が広がり、課題解決へのスピーディな連携・対応が必要となり、自分自身やメンバーがより鍛えられる環境だと感じている。また、少額短期保険会社を経営する立場になると、これまでも重要性を認識していたつもりであったが、企業理念やビジョンがいかに大切であるかを再認識させられた。少額短期保険業の将来性や第一スマートの目指しているもの、従業員一人ひとりの働きがい等を考えると、お客さまやビジネスパートナーにもご理解いただけるような企業理念やビジョン等は欠かせないと痛感している。

　第一スマートでは、その特徴・強みとしてビジネスパートナーの会員・コミュニティ向け"オーダーメイド保険"を掲げており、商品設計・提供方法等で工夫を凝らし、顧客やコミュニティのニーズや想いにフィットした商品・サービスの提供を心がけている。第1弾商品として、新型コロナウイルス感染症等の感染症罹患に不安を感じる方を対象とした「コロナminiサポほけん[3]」を2021年4月より販売し、「加入も給付金請求もネットで気軽にできる」「保険期間（3カ月）も希望どおり」「時代にあっている」など好評を得ている。

　また、クラウドファンディング業者であるミュージックセキュリティーズ社との共同プロジェクト「エッセンシャルワーカー応援ほけん」を開始した（図表5−1）。このプロジェクトは、新型コロナウイルス感染症と最前線で対峙する医療従事者が、少しでも安心して働くことができるように応援する

3　「コロナminiサポほけん」は、「特定感染症保険」のペットネームで、特定感染症と医師より診断された場合に一時金を払う保険。COVID-19の感染状況に応じて、毎月の保険料が変動するダイナミックプライシングを導入している（出所：第一スマート少額短期保険株式会社ウェブサイト）。

図表5−1　エッセンシャルワーカー応援ほけん

ものだ。寄付金とともに医療従事者へのメッセージを届ける仕組みも導入しており、医療従事者への感謝と応援の気持ちを届ける、寄付と"ほけん"をコラボレーションした新しいカタチのプロジェクトとなった。寄付者からは、このプロジェクトに対する共感も寄せられた。

　今後も、様々な社会課題に対峙する人々をサポートできる商品・サービスを提供し、保険のもつ"助け合い"の精神を、いまの時代にあったかたちで届けていきたいと考えている。保険を活用して社会課題が解決されるような仕組みの実現を目指したい。

　現在、主として営業員や代理店等のリアルチャネルが、顧客の就職・結婚・出産・定年等のライフサイクルを確認し、適切に保険の見直しや提案を行っている。第一生命グループとしては、デジタルの活用がさらに進んだ社会でも適切なタイミングに適切なチャネルで保険を提供する方法が実現できると確信しており、第一生命グループとしてデジタルとリアルを融合させながら新しいビジネスモデルを構築していきたい。ヒトと保険との新たな関係を構築し、保険の価値・よさをより多くの人々に伝えていけるよう、ビジネスパートナーと協業し、ゼロベースで検討を重ね先進的な顧客体験の提供を目指していく。

⑷　少額短期保険業・新規参入者への一言

　少額短期保険業は、多様化した顧客ニーズに寄り添いながら、今後も様々な商品・サービスの提供が可能ではないかと考えている。従来の保険業界からだけではなく、様々な業界から多くのプレイヤーが少額短期保険業界に参

画し、互いに知恵を駆使し切磋琢磨していくことが、保険業界における顧客体験の進化の原動力になると信じている。

　なお、目にみえない商品である保険は、オペレーション上の確認・検討事項が非常に多く、特に保険以外の業界からの参入者には、契約者保護への取組みが非常に重要であることを付言しておきたい。

3 株式会社justInCase

代表取締役　畑　加寿也

<企業概要>

　✓企 業 名：株式会社justInCase

　✓概　　要：独立系・少額短期事業者（日本で最初のInsurtechスタートアップ少短）

　✓参　　入：新規設立

　✓所 在 地：東京都中央区日本橋茅場町１－８－１　茅場町一丁目平和ビル702

　✓創 業 年：2016年

　✓登 録 年：2018年

　✓資 本 金：12億円（2021年５月末時点。株式会社justInCase・株式会社justInCaseTechnologiesの合算）

　✓従業員数：50名（2022年４月末時点。株式会社justInCase・株式会社justInCaseTechnologiesの合算）

　✓主な商品：わりかん保険、コロナ助け合い保険、歩くとおトク保険、スマホ保険　等

⑴　少額短期保険業を創業するに至った背景

保険数理のコンサルティング会社・証券会社・再保険会社といった私のこれまでのキャリアのなかで、保険業界には商品開発を中心に携わりがあり、1つの商品をリリースするために、膨大な時間とコストがかかる実態を目のあたりにしていた。各社のIT部門等と協業するなかでその実態に直面し、新たなテクノロジーやシステムを活用していくことで、そのような課題は解消できるのではないかと考え、少額短期保険業を起業することを構想していた。2007年頃から起業への想いを抱き、ビジネスプラン設計・資金調達・国内保険業界のテクノロジー活用動向等、創業に向けた複合的な要素が整った2016年12月に、justInCaseを創業するに至った。

　保険をもっと身近な存在にしていくべく、現在、スマートフォンを通じた保険オペレーションを軸にビジネスを展開しているが、創業前には、消費者がよりメリットを享受できる仕組みがないかを思考・探索していたなかで、周辺環境が変われば保険料が増減する「ダイナミックプライシング」に行き当たり、特許申請も行っていた。

　justInCaseの営業開始以降、自社の保険商品の開発スピードの速さに問合せが多数あり、自社の技術が保険業界に求められていると感じたため、少額短期保険業のほかに、他社への技術提供を行うIT企業・justInCaseTechnologiesを2019年に創立した。法律上の規制から、少額短期保険業者や少額短期保険業者の子会社では技術の外販を主としたビジネスを行えないため、justInCaseTechnologiesはjustInCaseの兄弟会社として資金調達を行った。金融機関のSaaSサービス利用が昨今増えてきており、今後、自社の技術を用いて、国内50兆円の保険市場へ大きなインパクトを生み出せるのではないかと考えている。

⑵　少額短期保険業の登録までの準備状況

　少額短期保険業の立上げに向けて、本格的に準備を開始してから会社創設までは、約1年の期間であった。私を入れた創業メンバー3名で、旧知の同僚や顧客とコミュニケーションをとりながら人材を集め、資金調達も幸いなことに短期で行うことができた。

　この頃の苦労といえばエンジニア採用であり、若いエンジニアは日常生活のなかで保険との接点がなく、なかなか興味を示してもらえずに苦心した。大手保険会社も、デジタル化・DXを推進するためにエンジニア採用を強化しているが、同様に採用難と聞いており、かつエンジニアの在籍年数も短いものと認識している。justInCaseでは、エンジニアが働き甲斐を感じやすい環境を整備するため、システム開発をするうえでの利用言語について魅力的なものを用いることや、リモートワーク等の労働環境整備、リモートでのコミュニケーションの工夫等を創業時から順次取り入れ、人材の確保に取り組んでいる。

　2016年12月にjustInCaseを立ち上げ、2017年4月頃より当局訪問を開始し、少額短期保険業者の登録・営業開始を2018年6月に迎えられた。当局との折衝は1年3カ月ほどを要したが、これは日本初のP2P保険の導入を協議していたためであった。新たな保険を当局と検討する際には、海外事例、および日本の保険業法・保険法等の法律上の論点を明確にすることで、金融庁や財務局から多くの支援をいただくことができた。また、なぜこの仕組みや商品が必要であるのか、契約者保護や保険業の発展に寄与するのか等を明確にし、真意を誠実に伝えていくことが大切だと強く感じている。

⑶　現状および今後の事業展開

　現状としては、2020年春頃から蔓延したCOVID-19に対応した「コロナ助け合い保険[4]」を同年5月に発売する等、迅速な商品開発・リリースが行えており、一定の成果をあげられていると認識している。

　また、過去に商品販売を断念したことがあるP2P保険に関して、サンド

ボックス制度を利用して、2020年より「わりかん保険⁵」を販売することができた。

日本で初となるP2P保険の仕組みが保険関連法上で受け入れられるのか、また、事前払いが基本の保険料を給付実績に応じた事後払いとすることが構造上可能なのか、といった課題があったため、サンドボックス制度で検証したところ、いずれも問題ないとの結果を得ることができた。

一方で、「わりかん保険」が日本初のP2P保険として数多くのメディアで取り上げられ話題性があったものの、加入者数は当初の想定より伸び悩んでいる。自社サイトを中心としたネット販売のむずかしさや、スタートアップ（知名度のない保険会社）が、革新的つまりなじみのない保険を提供することのむずかしさを痛感した。

「わりかん保険」のようなP2P保険は、特定集団のメンバー間で助け合う仕組みで、海外ではSNSの普及や購買行動のオンライン化、Fintech等の新しい技術への規制面の支援、類似するP2Pレンディングの発展から欧米を中心に浸透し始めている。日本でのP2P保険は緒に就いたところだが、相互扶助の新しい仕組みを多くの人に知っていただき、趣味・経験・出身・在住地等の様々な人の集まりに対して、新たな保険加入の選択肢として提供していければと考えている。また、自社での販売に加えて、私たちの技術を使って、保険業界全体でP2P保険の素晴らしさを浸透させていくことにも注力していきたい。

サンドボックス制度の実証実験中、保険金請求が発生した際に、給付金（わりかん）による助け合いだけでなく、罹患者に対して他の契約者から応援メッセージを送ることができる仕組みを導入したところ、毎月数十件もの

---

4 「コロナ助け合い保険」は、新型コロナウイルス感染症への罹患をはじめとした病気・ケガによる1泊2日以上の入院時に給付金（10万円）が支給される保険。本保険の収益（除く必要経費）から医療機関への寄付を行う。2022年3月31日時点で販売停止（出所：株式会社justInCaseウェブサイト）。
5 「わりかん保険」は、加入者同士で保険金（80万円）をわりかんするP2Pの仕組みを導入し、廉価な保険料水準で提供するがん保険。保険金の給付実績に応じて、保険料を事後請求するスキームを導入しており、国内に当該スキームの実績がないため2020年にサンドボックス制度を利用している（出所：株式会社justInCaseウェブサイト）。

熱い想いのメッセージが届いている。「左脳的＝保険料での助け合い」だけではなく、「右脳的＝メッセージによる心の助け合い」が生まれる仕組みが、顧客層に受け入れられた。

その他、旅行や日用品購入、旅行手配等の消費者の購買行動が非対面のECサイトへシフトしているため、今後は、保険API等を活用し、保険以外の商品・サービスの商流に、損害保険領域を中心とした保険商品を組み込んでいくことにも挑戦していきたい。

(4) 少額短期保険業・新規参入者への一言

少額短期保険業に限らず新たな事業を起こしていくうえで、デジタルやテクノロジーの活用が欠かせない時代となってきている。新規参入を検討している方には、テクノロジーに対する経営陣の想い・考え方が重要であることをお伝えしたい。

テクノロジー活用において経営者に求められることは、AI-OCRやRPA導入、または、システム開発のアジャイル化等の具体的なプロセス設計等へのこだわりではなく、どのような目的・価値観でそのようなテクノロジーを活用するのか、会社の考え方を示すことではないかと思っている。たとえば、大企業の子会社として少額短期保険業者を設立する場合、親会社にならって多くの機能を有する社内システムを導入しがちだが、そのシステムが少額短期保険業の規模に合致しているのか、少額短期保険がマーケットから求められるスピード感やコスト水準に耐えられる仕様であるのか、判断の軸となる考え方をしっかりともつことが重要であろう。

また、事業を拡大していくと、創業者・経営者の目や手がすべてに行き届かなくなっていく。現在、justInCaseとjustInCaseTechnologiesはそれぞれ35名程の規模になり（2021年5月時点）、さらにCOVID-19の影響により社員となかなか会えない状況が続いているが、そのような環境下であっても、会社のビジョン6と社員の想いをあわせ、社員一人ひとりが自ら考え、自発的

6　株式会社jsutInCaseのビジョン「助けられ、助ける喜びを、すべての人へ。」

に行動する会社にしていきたい。組織が巨大化すると、社訓・社歌を復唱することや、衛星放送で社長メッセージを上映すること等に取組みがちだが、社員が会社の想い・実現したい姿を、わがこととして感じる環境や仕組みをどうつくるかが重要であろう。社員の提案・意見・努力を受け入れ、社内のチャット機能を活用して気づいたことやユーザーの声を共有し合う文化を醸成する等、努力し続けているところである。

4　MICIN少額短期保険株式会社

代表取締役　笹本　晃成

＜企業概要＞

✓ 企 業 名：MICIN少額短期保険株式会社

✓ 概　　要：他業種系・少額短期保険業者(株式会社MICIN 100％出資)

✓ 参　　入：新規設立

✓ 所 在 地：東京都千代田区大手町 2 - 6 - 2　日本ビル13階

✓ 創 業 年：2020年

✓ 登 録 年：2021年

✓ 資本金等：2億9,995万円（資本金＋資本剰余金、2021年12月時点）

✓ 従業員数：12名（2021年 3 月時点）

✓ 主な商品：女性系がん罹患者向け保険

---

(1)　少額短期保険業を創業するに至った背景

　少額短期保険業の説明に先立ち、株式会社MICINについて紹介したい。MICINは、2015年11月に創業した医療ベンチャーであり、病気になったときに「まさか自分が……」「早く気づけばよかった……」「（治療を）やめなければよかった……」と感じる人をなくすことを目指している。「すべての

人が、納得して生きて、最期を迎えられる世界を。」をビジョンに掲げて、オンライン診療のアプリケーション、医療データのAI分析や、医薬品の臨床開発向けソリューションを提供する企業である。

医療は進化を続け、見つかる病気や治せる病気がどんどん増え、疾患の発見方法や治療法の選択肢が増えていくと、医療に関連する生命／医療保険でも付加価値のあり方が進化していくべきであると考え、少額短期保険業に参入することとした。MICIN少額短期保険は、疾患や症状を早期に発見し治療をサポートする「見つける×保険」と、病気の再発や重症化を防ぐ「続ける×保険」の2つのコンセプトで事業を展開していきたいと考えている。

健康状態が良好な方に保険の加入勧奨を行い、疾患が発症すれば給付金を支給する、また症状がすでに出てしまった方は加入をお断りする従来型の保険スタイルとは離別し、本当に必要なときに加入でき、給付金だけではなく本当に必要なサポート・保障を継続して提供する少額短期保険業者を目指していく。

MICIN少額短期保険の立上げにおいて、新規設立のほかにもM&Aや既存少額短期保険業者との提携を視野に入れた。しかしながら、目指すビジョンや企業文化の理解と融合、既存少額短期保険業者での既契約者との関係再構築には、相応の時間とロードがかかるのではないかと考え、M&Aや既存少額短期保険業者との提携は候補から外れた。また、多くの関係者より、少額短期保険業界の参入者が増えていることで新規設立のハードルが高まっているのではないか、とのアドバイスを受けたが、そうであればなおのこと、MICINらしく新規設立から挑戦しようと、皆で納得して参入スキームを選定した。

(2) 少額短期保険業の登録までの準備状況

　少額短期保険業立上げに向けた社内稟議を2019年10月に実施し、商品設計を進めながら準備会社の設立までは約４カ月で行った（2020年２月設立）。その後、関東財務局との初回面談を2020年６月に実施し、2021年６月末に関東財務局の登録を受けた。

　従事していた人数は、登録のメドがおおむね整った2020年９月までが３名（100％×２名、50％×２名）で、当局対応や算方書・規程類・システム作成（100％）、代理店向け販路開拓・資本業務提携サポート（100％）、商品開発（50％）、資本業務提携、医療機関向け販路開拓（50％）をそれぞれ担っていた。その後は、オペレーションの開始に向けて、従事メンバーを採用・増強し、４部12名体制で準備を進めてきた（オペレーション部５名、営業部3.5名、経営企画部2.5名、管理部１名）。

　当時のハードルの１つとして、メンバーの増強に向けた採用があげられる。少ない人数でオペレーションを回すため「保険実務の高い習熟度」と、よい意味で保険会社っぽくはない「ベンチャー気質」の両方を備えた候補者がなかなかいなかった。ある候補者から、「私の上司になる人は誰か」と聞かれたが、ベンチャーでは人数が限られており、自分自身で判断し行動していくことが必要で、そのような環境下でチャレンジ精神旺盛に活躍する見込みのある候補者を厳選した。また、採用要件に合致しても、登録前の少額短期保険会社の話を聞いてくださる方が少なく、メンバーの人脈を活用したリファーラル採用や、MICINのファンになってもらうように、理念・想いを伝える基本姿勢を維持することで、なんとか人員を確保することができた。

　採用と同様に、大手代理店等へ提携をもちかける際にも、話を聞いてもらうまでの苦労があり、コールドコール・代理店経営者紹介・企業検索サービスを活用したオンライン説明会等、あらゆることにトライした。採用にも共通するところであるが、新しいビジネスをスタートするうえでは、そこにかける「想い」が最大の武器であり、「熱意」をもって「夢」を語ることが課題解決の最短ルートと実感した。

また、準備段階におけるもう1つの課題としては、事業の新設に関するメンバーの経験値が少ないなかで、かつ投資コストも抑えながら進めていく必要性があったことがあげられる。各メンバーのストレッチした領域へのチャレンジや、親会社MICINの協力、積極的な業務委託とSaaS型保険業務システムの活用により、コスト削減等を行ってきた。

　業務委託に関して、MICIN少額短期保険では、自社の強みの流出防止や効率性の観点から、販路開拓等の営業は外部委託の対象から外していた。外部のメンバーでは、創業に至った想いやどういったビジネスを行いたいのかといった、「熱意」がどうしても欠けてしまうため、ここはMICIN少額短期保険のメンバーが従事することとしている。

(3)　今後の事業展開

　2021年に事業をスタートし、今後は医療ベンチャーの保険部隊として、「見つける×保険」と「続ける×保険」を、できるだけスピーディに、そして数多く提供していきたい。

　第一弾商品として、これまで最も実現が困難であった領域の1つであるがんの再発保障保険を2021年8月に販売開始した。具体的には、乳がん・子宮頸がん・子宮体がんの女性系がん罹患者向けの保険で、死亡保険金に加え、がん経験者の再発時または新たながんの罹患時に80万円の診断給付金が受け取れる国内初の保険である。

　女性系がん（乳がん・子宮頸がん・子宮体がん）の新規罹患者数は12万人／年と多く、自社で800名程にアンケートを実施したところ、半数以上の罹患者が再発の懸念から保険加入を希望していることがわかった[7]。罹患すると多くの保険会社が一定期間の加入を謝絶しているが、このようなニーズに応えるために、データを駆使し、個々人の罹患状況に応じたリスク細分型の「続ける保険」を設計した。

7　MICIN少額短期保険株式会社が2020年3月に実施した乳がん患者向けアンケート。68.9％の罹患者が罹患後に入れる保険に興味を示し、54.5％の方が保険加入意向を示す。

罹患者に多くの保険加入ニーズがあるため、リーチさえできれば、一定の保険料規模にスケールアップできるのではないかと考え、販路として、大手代理店への委託、がん罹患者向けのプロダクトやサービスを提供している事業法人とのタイアップ、生命保険会社による商品紹介、ネット系保険会社への代理代行の委託等、数多く準備してきている。

　蛇足だが、MICIN少額短期保険の代理店手数料は20％に抑えている。コミッション費用で販売ルートを拡大するやり方もあるが、MICIN少額短期保険では、コミッションではなく、「すべての人が、納得して生きて、最期を迎えられる世界を。」というビジョンに共感いただける方々と、ネットワークを広げてきている。医療機関や代理店のメリットが顧客のデメリットとコンフリクトするケースであれば、顧客のメリットのためにサービスを提供していこう、との考え方を大切にしている。

　生命／医療保険の多くは終身契約で提供されているが、人の身体の状態は年々変化するため、その時の状態にあった個別最適な短期間の保険を提供することが、顧客目線であろうと考えている。長い期間の保障を提供すると身体の状態変化を補完するために保険料設定が高額となるため、短期のリスク細分型商品を目指していきたい（図表5－2）。

　また、付加価値の提供方法としても、保険金・給付金といったお金だけでなく、健康・改善に資する「サービス」の供給を目指している。医師からのサポートのほか、たとえば、人の行動変容を促すために、糖尿病の治療を本人が怠ったら保険金を払わないような保険アレンジや、再発防止に向けた運動を促進するがん予防プログラムの付帯商品等を検討している。

　今後の商品開発や事業展開に課題は山ほどあるが、真のニーズに合致したコンテンツを用意し、ベンチャーとして圧倒的な差異をもつサービスを提供していきたい。

⑷　少額短期保険業・新規参入者への一言

　少額短期保険業だからこそ、チャレンジできる領域は多くある。保険会社と比して、提供できる保障金額が小さい等の制度上の制約があるものの、

図表 5 － 2　MICIN少額短期保険がチャレンジする生命／医療保険

Priority Concept	● 個別最適化
商品開発に 用いるデータ	● 予測値 ● リアルワールドデータ
保障設計	● 短期 ● リスク細分化
提供する価値	● 保険金・給付金 and/or サービス

逆に現物給付が可能な点、生損保の垣根なく商品設計が可能な点等、制度上の強みに着目して、どこにビジネスチャンスがあるかを考えることが重要であろう。

　新規参入を検討される方への提言としては、2点ある。

　1点目は、「ビジョンとビジネスモデルをしっかり描く」ことである。少額短期保険業界の成長性や多くのプレイヤーが参入しているトレンドから、「とりあえず参入しよう」といった安易な理由では、イニシャル・ランニングコストの負担が大きい。外部・内部環境分析を徹底的に行い、Pros-Consを整理し、「自らが新規に参入すべきなのか」「どういったビジョン・プランで参入するか」を描くことが大切である。この点は、立上期に財務局と事業者登録の折衝をする際にも、きわめて重要な要素となる。

　2点目は、「しっかりとしたコンサルタントに頼む」ことである。MICIN少額短期保険も多くのコンサルタントにアドバイスをもらったが、財務局との折衝等で当社が経験したことは、いくつかのコンサルタントの知見とは大きく異なっていた。コンサルタント会社に保険の経験者や精通者が多く在籍

していても、自分たちが依頼したい業務を本当に熟知しているのか、保険会社ではなく少額短期保険業の知識・支援経験が潤沢にあるのか、しっかりと見極めることが必要であろう。

少額短期保険の実務
──保険業界の新たなイノベーション

2022年7月28日　第1刷発行

編著者　藤　嶋　昌　人
　　　　山　本　啓　太
発行者　加　藤　一　浩

〒160-8520　東京都新宿区南元町19
発　行　所　一般社団法人 金融財政事情研究会
企画・制作・販売　株式会社きんざい
出 版 部　TEL 03(3355)2251　FAX 03(3357)7416
販売受付　TEL 03(3358)2891　FAX 03(3358)0037
URL https://www.kinzai.jp/

校正：株式会社友人社／印刷：三松堂株式会社

・本書の内容の一部あるいは全部を無断で複写・複製・転訳載すること、および磁気または光記録媒体、コンピュータネットワーク上等へ入力することは、法律で認められた場合を除き、著作者および出版社の権利の侵害となります。
・落丁・乱丁本はお取替えいたします。定価はカバーに表示してあります。

ISBN978-4-322-14163-4